Im Auftrag der Duisburger Bibliotheksstiftung (HG.) von Jan-Pieter Barbian

Fantastische Welten

50 Jahre Internationale Kinder- und
Jugendbuchausstellung (IKiBu) in Duisburg

Mercator
Verlag

1. Auflage September 2021
Umschlaggestaltung: Jörg Spengler
Satz und Gestaltung: Jörg Spengler
Druck und Bindung: AZ Druck und Datentechnik, Kempten

Bibliografische Information der Deutschen Nationalbibliothek
Die Deutsche Nationalbibliothek verzeichnet diese Publikation
in der Deutschen Nationalbibliografie; detaillierte bibliografische
Daten sind im Internet über http://dnb.dnb.de abrufbar.

© Mercator-Verlag OHG, Duisburg
www.mercator-verlag.de

ISBN 978-3-946895-39-8

Inhalt

Grußwort
Herzliche Glückwünsche zu 50 Jahren IKiBu in Duisburg

Als im November 1971 in der damaligen Mercatorhalle zum ersten Mal die Internationale Kinder- und Jugendbuchausstellung (IKiBu) ihre Pforten öffnete, war für die Organisatoren kaum absehbar, welche Resonanz das erste Kinderliteraturfestival der Bundesrepublik Deutschland bei dieser besonderen Zielgruppe erzeugen würde. Zehntausende Besucherinnen und Besucher, die die Premiere in Duisburg erleben durften, brachten jedoch die erhoffte Erkenntnis, den richtigen Weg eingeschlagen und den Grundstein für eine bemerkenswerte Erfolgsgeschichte gelegt zu haben.

Heute, 50 Jahre später, stellen wir mit Stolz und Freude fest, dass kaum ein anderes Veranstaltungsangebot in unserer Stadt mit dieser Kontinuität und einem stets großen Zuspruch Kinder, Jugendliche und Eltern für Bücher und die Schlüsselqualifikation Lesen begeistern konnte. Mehrere Generationen von Schülerinnen und Schülern kamen in den Genuss von spannenden und anregenden Lesungen, Literatur- und Kreativwerkstätten, Medienprojekten, Theater- und Musikveranstaltungen, Ausstellungen und Aktionstagen.

Die IKiBu unter Federführung der Stadtbibliothek und mit vielen Kooperationspartnern ist eine ganz wesentliche Konstante in unserem Engagement, die Kindergärten, Schulen und Eltern bei der Lese- und Sprachförderung zu unterstützen. Die vielen Begegnungen, die den Kindern mit Autorinnen und Autoren oder Künstlerinnen und Künstlern seit 1971 im November eines jeden Jahres ermöglicht werden, tragen erheblich zur Lesemotivation und Bindung an die Medienangebote der Kinderbibliothek bei.

Die IKiBu leistet damit einen aktiven Beitrag in unserer breit gefächerten Bildungsland-schaft und sorgt für mehr Chancengerechtigkeit in unserer Stadt. Auch in Zeiten der Digi-talisierung ist und bleibt die Lesefertigkeit eine wichtige Lern- und Medienkompetenz. Darüber hinaus erlangte die IKiBu dank ihrer Vielfalt an Veranstaltungen zu wechselnden Leitthemen einen überregionalen Bekanntheitsgrad und entwickelte sich so zu einem Aus-hängeschild für die Stadt Duisburg.

Unser Dank gilt allen Mitarbeiterinnen und Mitarbeitern der Stadtbibliothek, die sich teil-weise bereits seit Jahrzehnten für das Programm der IKiBu ebenso engagiert haben wie für die kontinuierliche Weiterentwicklung und Anpassung an aktuelle Erfordernisse. Bedan-ken möchten wir uns aber auch bei den vielen Kooperationspartnern und Sponsoren, die immer wieder mit ihrer finanziellen, ideellen und materiellen Unterstützung für den Erhalt der Qualität dieses wichtigen Bildungsangebots gesorgt haben.

Wir hoffen sehr, dass die IKiBu auch zukünftig einen festen Stellenwert bei ihrem Publikum behält, möglichst viele Kinder den Weg zur jährlichen Veranstaltungswoche in die Einrich-tungen der Bibliothek im gesamten Stadtgebiet finden werden und auf diese Weise die Erfolgsgeschichte des traditionsreichen Lesefestivals in Duisburg fortgeschrieben wird.

Sören Link
Oberbürgermeister

Astrid Neese
Beigeordnete für Bildung, Arbeit und Soziales

volksbank-rhein-ruhr.de/zukunftsplaner

Lassen Sie uns Pläne schmieden. Für morgen und übermorgen. Für Ihr Kind.

Morgen kann kommen.

Wir machen den Weg frei.

Zusammen gestalten wir Ihren individuellen und persönlichen ZUKUNFTSPLANER KIND der Volksbank Rhein-Ruhr. Unser Beratungsansatz über den ZUKUNFTSPLANER KIND bündelt die umfassende Produktpalette aus Geldanlage, Absicherung sowie Altersvorsorge, um persönliche Wünsche, Ziele und Vorhaben zu gestalten. Kontaktieren Sie uns und prägen Sie die Zukunft Ihres Kindes in einem gemeinsamen Gespräch aktiv mit.

Morgen kann kommen.

ZUKUNFTS PLANER **KIND**
Volksbank Rhein-Ruhr

Volksbank Rhein-Ruhr

Eine Duisburger Erfolgsgeschichte

Grußwort von Thomas Diederichs, Vorstandssprecher der Volksbank Rhein-Ruhr

In diesem Jahr feiern wir gemeinsam mit der Stadtbibliothek Duisburg „50 Jahre internationale Kinder- und Jugendbuchausstellung". Die Duisburger Kinder- und Jugendbuchausstellung ist eine Initiative, die uns als regionale Genossenschaftsbank schon über Jahrzehnte begleitet. Denn die Förderung von Kunst und Kultur bildet einen der wichtigsten Eckpfeiler unseres genossenschaftlichen Engagements.

Die IKiBu trägt seit 50 Jahren dazu bei, dass Kinder und Jugendliche sich bewusst mit dem Medium Buch auseinandersetzen. Sie verfolgt klar das Ziel: „Jedes Kind muss lesen lernen!" So wurde die Buchausstellung zu einer festen Bildungs- und Kulturveranstaltung für Kinder und Jugendliche aus Duisburg und eine feste Aktion für uns alle. Damals wie heute dreht sich alles um deutschsprachige und internationale Bücher, es werden Autorengespräche, Kindertheater, Ausstellungen mit Illustrationen und Grafiken sowie Kreativwerkstätten angeboten.

So hoffen wir, dass trotz der erschwerten Rahmenbedingungen durch die Corona-Krise möglichst viele Menschen erreicht werden und von dem Angebot Gebrauch machen. Wir freuen uns, dass wir die IKiBu bereits seit Jahrzehnten aktiv als Sponsor begleiten und so diese bemerkenswerte Arbeit für die Kinder und Jugendlichen unserer Region unterstützen dürfen. Es war auch für uns selbstverständlich, dass wir den Druck dieser „Festschrift" im Mercator-Verlag mit einer Spende an die Duisburger Bibliotheksstiftung ermöglicht haben. Und jetzt freuen wir uns auf viele weitere gemeinsame Jahre!

Mit großem Stolz und herzlicher Dankbarkeit
Einige Worte zur Einführung in dieses Buch

Wer sich eingehender mit den Programmen und ihrer Vorbereitung im Zeitraum der vergangenen 50 Jahre beschäftigt, die im Archiv der Stadtbibliothek gesammelt sind, erkennt rasch, wie viel Ideenreichtum, Arbeit und Herzblut in jede neue Internationale Kinder- und Jugendbuchausstellung eingeflossen sind. Als die IKiBu vom 26. November bis zum 5. Dezember 1971 in der Mercatorhalle erstmals stattfand, war das ein Experiment, von dem niemand wusste, wie es ausgeht. Am Ende wurde es ein unerwarteter Erfolg, der weit über die Grenzen der Stadt hinaus wahrgenommen wurde. „Ein Riesenspaß mit vielen Informationen", titelte am 6. Dezember 1971 die Lokalausgabe der Rheinischen Post. „‚IKiBu' rückte Duisburg in das bundesdeutsche Blickfeld", hieß es in der „Westdeutschen Allgemeinen Zeitung". Und die „Neue Ruhr Zeitung" stellte fest: „Eine echte Bedarfslücke gefüllt".

Ende der 1960er/Anfang der 1970er Jahre führte die Kinder- und Jugendliteratur in Deutschland eher ein Nischendasein. Es gab nur wenige Verlage, die sich auf diese Literatur spezialisiert hatten. Aber die Aufbruchstimmung, die die erste sozial-liberale Bundesregierung unter Bundeskanzler Willy Brandt verbreitete, wirkte sich auch auf diesem Gebiet positiv aus. 1971 gründete der aus Dortmund stammende Buchhändler und Lektor Hans-Joachim Gelberg eine eigene Sparte für Kinder- und Jugendliteratur im Georg Beltz Verlag Weinheim, die als „Beltz & Gelberg" rasch zu einer Marke wurde und entscheidend zur Profilierung dieser Literatursparte beitrug. Hier veröffentlichten von nun an nahezu alle großen Autorinnen und Autoren ebenso wie die Illustratorinnen und Illustratoren aus Deutschland ihre Kinder- und Jugendbücher. Gelberg gehörte von Anfang an zu den Gästen der IKiBu und hat ihr zu der Qualität verholfen, die sie seit 1971 entfalten konnte. Alle prominenten Autorinnen und Autoren, Illustratorinnen und Illustratoren von Beltz & Gelberg haben seither auf der IKiBu gelesen. Und das animierte natürlich rasch auch alle anderen Kinder- und Jugendbuchverlage, ihre Repräsentanten nach Duisburg zu bringen.

Was die IKiBu immer auszeichnete, war die Kooperation. Bereits die erste Ausgabe war ein Gemeinschaftsprojekt: Die Stadtbibliothek arbeitete mit der legendären Buchhandlung „Atlantis", der Mercatorhalle, dem Presse- und Werbeamt, dem Schulamt und dem Jugendamt zusammen. Dass sich 1971 mehr als 80.000 Besucherinnen und Besucher von den Lesungen, Ausstellungen, Podiumsdiskussionen, Puppen- und Marionettentheateraufführungen und der vom WDR organisierten Kinder-Party begeistern ließen, hing neben dem attraktiven Programm vor allem auch mit dem Ort zusammen, der seit 1962 als „gute Stube" der Stadt bekannt war, nun aber völlig neuartig genutzt werden konnte. Die Außenfenster der Mercatorhalle durften von Schülerinnen und Schülern bemalt werden.

Im Innern konnten die Kinder und Jugendlichen nicht nur an den Veranstaltungen teilnehmen, sondern eigenständig in Büchern schmökern, eine Schallplattenbar genießen und sich auf einer riesigen Spielwiese nach Herzenslust austoben.

Die IKiBu öffnete und öffnet seither immer wieder die Türen zur Welt. Doch nicht nur das. Ihre Organisatoren setzten sich stets dafür ein, dass Bildung und Kultur allen sozialen Schichten zugänglich sein sollen. Zahlreiche Duisburgerinnen und Duisburger werden als Kinder ihre Begeisterung für die fantastische Welt der Bücher, der audiovisuellen und der digitalen Medien, des Theaters, des Films, der Kunst und der Musik auf der IKiBu entdeckt haben. Auch heute noch stehen die Begegnungen und das lebendige Gespräch mit Menschen, die an der Entstehung von Büchern unmittelbar beteiligt sind, im Mittelpunkt. Dass Duisburg ein solches „Büchervolksfest" erfunden hat und seit nunmehr 50 Jahren allen Schwierigkeiten zum Trotz weiterhin ermöglicht – darauf kann die Stadt sehr stolz sein.

Der Kreis der Kooperationspartner ist im Laufe der vergangenen fünf Jahrzehnte stetig gewachsen. Die Duisburger Kindertageseinrichtungen und Schulen, das Jugendamt und das Amt für schulische Bildung zählen zu ihnen ebenso wie das Wilhelm Lehmbruck-Museum, das Kultur- und Stadthistorische Museum, das Museum der Deutschen Binnenschifffahrt, das Filmforum, die Musik- und Kunstschule Duisburg, Call Duisburg, das Reibekuchentheater, das Theater „Kreuz & Quer", das Theater Tom Teuer, das Explorado Kindermuseum, die Berlitz School Duisburg, das Internationale Jugend- und Kulturzentrum Kiebitz in Marxloh, der Zoo Duisburg, der Landschaftspark Duisburg-Nord, die Entwicklungsgesellschaft Duisburg, das Spielwarengeschäft Roskothen und viele andere mehr. Aufgrund der Kürzungen des Etats trugen private Sponsoren entscheidend dazu bei, das Programm der IKiBu weiterhin attraktiv gestalten zu können: allen voran die Volksbank Rhein-Ruhr und die Wohnungsgenossenschaft Duisburg-Süd eG., die Duisburger Bibliotheksstiftung, zum 50-jährigen Jubiläum erstmals auch die Lions Clubs und die Rotary Clubs in Duisburg. Die Lokalpresse hat die IKiBu seit 1971 immer wieder aufmerksam begleitet: die Tageszeitungen „Rheinische Post", „Westdeutsche Allgemeine Zeitung" und „Neue Ruhr Zeitung", der „Wochenanzeiger" und das „Stadtpanorama", das WDR-Fernsehen und das Stadtfernsehen Studio 47, der WDR-Rundfunk, Radio Duisburg und der Bürgerfunk. Allen Kooperationspartnern, Sponsoren und der Presse möchte ich für ihre engagierte Mitwirkung und großzügige Unterstützung herzlich danken!

Ein besonders herzlicher Dank gilt auch all denjenigen, die die IKiBu in der Stadtbibliothek vorbereitet und realisiert haben. Das waren im Laufe von 50 Jahren natürlich sehr viele, von denen einige leider bereits verstorben sind. An dieser Stelle kann ich nur wenige aus unterschiedlichen Zeiten nennen: Franz Rakowski, Imma Wick, Sigrid Kruse und Hans Sonn, Franz Austen, Ulla Leis, Sabine Thom, Wolfgang Heiken, Gisela Bökhaus, Wilma Gottschalk und Wolfgang Eilers, Jens Holthoff, Jutta Flaßhove, Matthias Ernst, Özlem Yalinci und Julia Bökenbrink, Martina Brodmann, Sabine Schwarz, Christiane Rostek, Angela Garbes, Denise Hamann, Stefanie Krebs und Anne Markstein. Die grafische Gestaltung der Plakate, Programmhefte und Programmflyer verdanken wir Jörg Spengler, in früheren Zeiten tatkräftig unterstützt von Melanie Strauß-Staigis, Stefan Baum, Sabine Sonnhalter und Edeltraud Loschwitz. Die Presse- und Öffentlichkeitsarbeit leisteten Ursula Jung, Rainer Schmidt, Olaf Reifegerste, Petra Dobler-Wahl und jetzt Barbara Hayck. Erwähnen möchte ich auch das Engagement von Ersin Güngör, dem Betreiber des „Café im Stadtfenster", der seit 2015 die Eröffnungen der IKiBu und deren Aktionstage nicht nur mit seinen Leckereien, sondern auch mit einfallsreichen Beiträgen zum Programm begleitet hat. Der herausragende und hingebungsvolle Einsatz der Genannten hat letztlich alle Kolleginnen und Kollegen der Stadtbibliothek in jedem Jahr neu dazu motiviert, den früher zwei- und heute einwöchigen Veranstaltungsmarathon begeistert mitzumachen.

Ich habe das Glück, die Stadtbibliothek Duisburg seit 1999 leiten zu dürfen. Seither gehört auch die IKiBu zu meinem Aufgabengebiet, die ich dank meines 1997 geborenen Sohnes Aron einige Jahre auch als Elternteil miterleben konnte. Insofern verbinde ich mit diesem Festival der Kinder- und Jugendliteratur zahlreiche positive Erinnerungen – berufliche ebenso wie private. Sie lassen mich hoffen, dass die Geschichte der IKiBu noch lange weitergehen wird – und auch wenn ich in einigen Jahren nicht mehr im Dienst sein werde, werde ich an ihr immer mit großer Sympathie und Freude teilhaben.

Dr. Jan-Pieter Barbian
Direktor der Stadtbibliothek

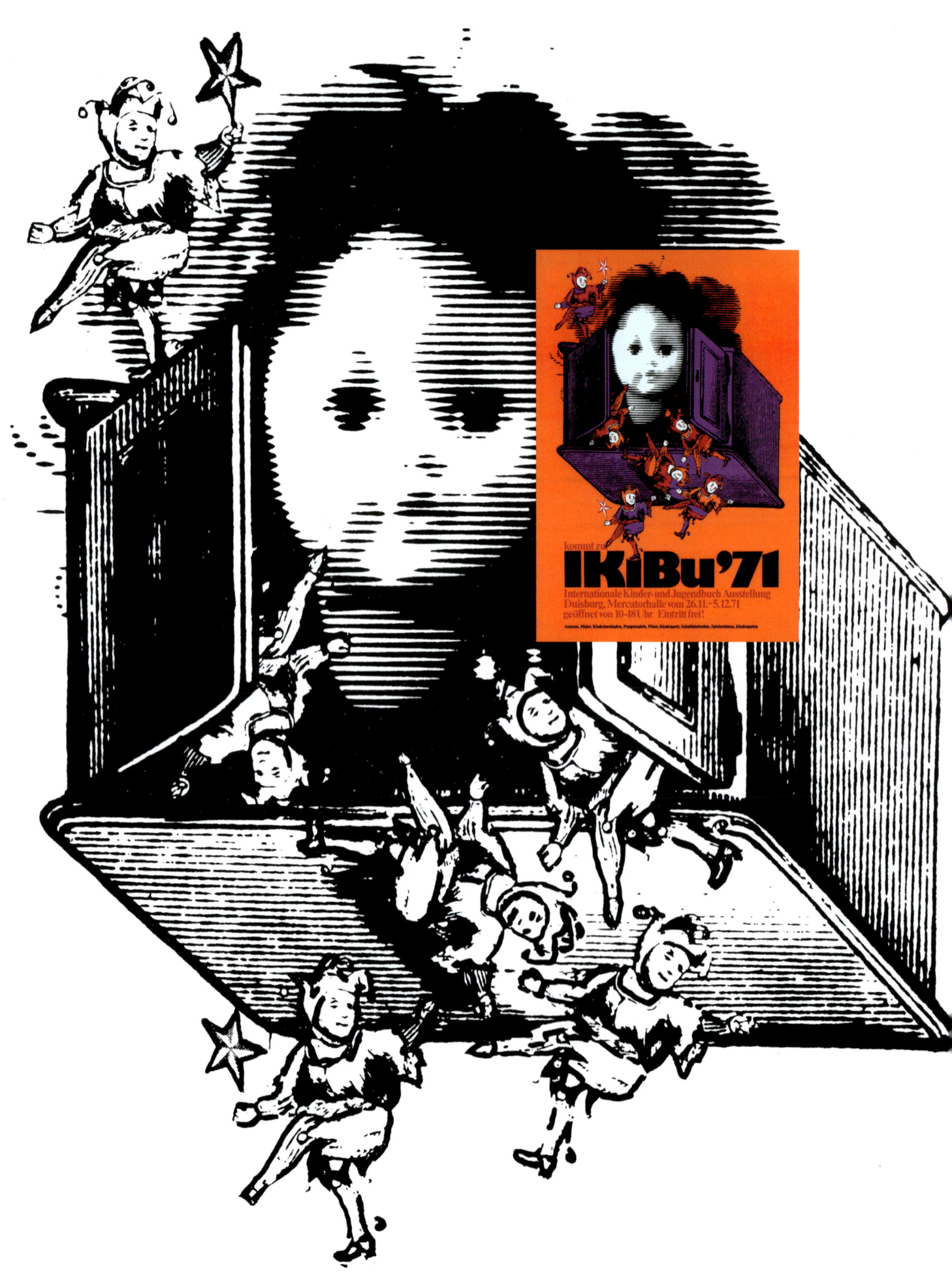

kommt zu

IKiBu'71

Internationale Kinder- und Jugendbuch Ausstellung
Duisburg, Mercatorhalle vom 26.11.–5.12.71
geöffnet von 10–18 Uhr Eintritt frei!

Autoren, Maler, Kinderbuchladen, Puppenspiele, Filme, Kinderparty, Schallplattenbus, Spielzentren, Kindergarten

Eine Duisburger Erfolgsgeschichte

Grußwort von Thomas Diederichs, Vorstandssprecher der Volksbank Rhein-Ruhr

In diesem Jahr feiern wir gemeinsam mit der Stadtbibliothek Duisburg „50 Jahre internationale Kinder- und Jugendbuchausstellung". Die Duisburger Kinder- und Jugendbuchausstellung ist eine Initiative, die uns als regionale Genossenschaftsbank schon über Jahrzehnte begleitet. Denn die Förderung von Kunst und Kultur bildet einen der wichtigsten Eckpfeiler unseres genossenschaftlichen Engagements.

Die IKiBu trägt seit 50 Jahren dazu bei, dass Kinder und Jugendliche sich bewusst mit dem Medium Buch auseinandersetzen. Sie verfolgt klar das Ziel: „Jedes Kind muss lesen lernen!" So wurde die Buchausstellung zu einer festen Bildungs- und Kulturveranstaltung für Kinder und Jugendliche aus Duisburg und eine feste Aktion für uns alle. Damals wie heute dreht sich alles um deutschsprachige und internationale Bücher, es werden Autorengespräche, Kindertheater, Ausstellungen mit Illustrationen und Grafiken sowie Kreativwerkstätten angeboten.

So hoffen wir, dass trotz der erschwerten Rahmenbedingungen durch die Corona-Krise möglichst viele Menschen erreicht werden und von dem Angebot Gebrauch machen. Wir freuen uns, dass wir die IKiBu bereits seit Jahrzehnten aktiv als Sponsor begleiten und so diese bemerkenswerte Arbeit für die Kinder und Jugendlichen unserer Region unterstützen dürfen. Es war auch für uns selbstverständlich, dass wir den Druck dieser „Festschrift" im Mercator-Verlag mit einer Spende an die Duisburger Bibliotheksstiftung ermöglicht haben. Und jetzt freuen wir uns auf viele weitere gemeinsame Jahre!

Eine unendliche Geschichte seit 1971

Die Internationale Kinder- und Jugendbuchausstellung in Duisburg

Die Erfindung der IKiBu

Zu Beginn der 1970er Jahre herrschte in der Bundesrepublik Deutschland eine politische Aufbruchstimmung, die alle gesellschaftlichen Bereiche mitriss. Unter der von Bundeskanzler Willy Brandt (1913–1992) in seiner Regierungserklärung vom 28. Oktober 1969 verkündeten Devise „Wir wollen mehr Demokratie wagen" öffneten sich auch die kulturellen Einrichtungen für neue Inhalte und Zielgruppen. In Duisburg entstand damals die Idee, Kinder und Jugendliche stärker als bisher in die Angebote der Stadtbibliothek einzubeziehen. Seit 1955 hatte es zwar bereits eine eigene Kinder- und Jugendbibliothek gegeben, die in einem großzügigen Anbau der Zentralbibliothek im Immanuel-Kant-Park erstmals in Freihandaufstellung die Auswahl der Buchlektüre ermöglichte und beim Umzug in das Gebäude an der Düsseldorfer Straße noch einmal erheblich ausgebaut wurde. Kurt Selbiger (1911–1993), Inhaber der legendären Buch- und Kunsthandlung „Atlantis", und Franz Rakowski (1927–2014), Direktor der Stadtbibliothek in den Jahren 1968 bis 1990, wollten allerdings den in der Öffentlichkeit wenig beachteten Kinder- und Jugendbüchern ein großes, repräsentatives und ansprechendes Forum bieten.

Für dieses visionäre Projekt fanden sie erfreulicherweise eine Reihe wichtiger Verbündeter in der Stadt: das Jugendamt, das Schulamt, das damalige Werbeamt, das Presseamt und die Mercatorhalle mit ihrem Geschäftsführer Walter Philipp, vormaliger Lokalchef der „Neuen Ruhr Zeitung" und seit 1970 für Duisburgs „gute Stube" zuständig. Sie alle stellten gemeinsam mit Irmgard (Imma) Wick (*1933), der damaligen Leiterin der Kinder- und Jugendbibliothek, für die Zeit vom 26. November bis zum 5. Dezember 1971 ein attraktives Programm zusammen, für das Jürgen Girgensohn (1924–2007) als Kultusminister des Landes Nordrhein-Westfalen die Schirmherrschaft übernahm.[1] Josef Krings (1926–2019), seit 1969 Bürgermeister der Stadt Duisburg, begleitete und unterstützte das Projekt aus vollem Herzen. Als engagierter Deutsch- und Geschichtslehrer wusste er, dass die Kinder- und Jugendliteratur „bei uns noch ein wenig als zweitrangig betrachtet wird. Dabei hat sie mehr Bedeutung, auch im pädagogischen Bereich, als viele annehmen".[2]

Die Gestaltung des Plakats und des Programmheftes stammten aus der Feder von Günther Stiller (1927–2018). Der gebürtige Hamburger hatte 1964 eine Werkstatt mit Setzerei und Handpresse in Watzhahn/Taunus bezogen.[3] Beim Ideenwettbewerb für die IKiBu setzte

---

[1] Notizen zur Ausstellung IKIBU '71 (6 Seiten, maschinenschriftlich ohne Verfassername), Archiv Stadtbibliothek Duisburg.

[2] Zitiert nach „Gehört – gelesen", in: Neue Ruhr Zeitung vom 25.11.1971, Lokalteil.

[3] S. hierzu und zum Folgenden Günther Stiller. Buchgraphik und Zeichnungen. Ausstellung vom 28. Oktober– 19. November 1988 in der Stadtbibliothek Duisburg. Hrsg. von der Stadt Duisburg, Oktober 1988.

sich Stiller gegen mehrere namhafte Mitbewerber durch. Der damals bundesweit bekannte Künstler gestaltete seit 1957 zahlreiche Ausgaben der Büchergilde Gutenberg mit seinem herausragenden grafischen Können, leistete mit der Nutzung der neuen Technik des Offsetdrucks für die künstlerische Druckgrafik Pionierarbeit und entwarf für den Verlag Beltz & Gelberg das bis heute unverwechselbare Buchcover in Orange.

Die Inszenierung der Kinder- und Jugendliteratur in der Mercatorhalle

Im Rahmen der ersten IKiBu erwarteten die kleinen und großen Besucher in der Mercatorhalle insgesamt sechs Buchausstellungen mit rund 2.000 Einzeltiteln: Eine repräsentative Auswahl an Kinder- und Jugendbüchern, die mit dem Deutschen Jugendbuchpreis seit der ersten Verleihung im Jahr 1956 ausgezeichnet worden waren; unter dem Titel „Das Bilderbuch" eine Auswahl von rund 400 Titeln aus der Internationalen Jugendbibliothek in München, ergänzt durch eigene Bestände der Stadtbibliothek Duisburg; Kinder- und Jugendbücher aus insgesamt 24 Ländern (u.a. Italien, Brasilien, Türkei, Sowjetunion, Polen, Tschechoslowakei); aktuelle Neuerscheinungen auf dem Gebiet der deutschsprachigen Kinder- und Jugendliteratur; historische und bibliophile Kinder- und Jugendbücher aus den Beständen des Instituts für Jugendbuchforschung an der Universität Frankfurt am Main und dem Klingspor-Museum in Offenbach am Main; Fachliteratur zur Vorschulerziehung und eine Sammlung pädagogischer Spiele. Neben den Büchern konnten durch Vermittlung der Buchhandlung „Atlantis" Illustrationen gezeigt werden: Originalgrafiken und Originalzeichnungen zu Bilderbüchern aus dem Bestand des Klingspor-Museums sowie Rohbogen aus Verlagen und von Künstlern, die einen Einblick in ihre aktuelle Produktion gaben.

Zur Eröffnung gab es eine vom Kinderfunk des WDR organisierte und aufgezeichnete Kinderparty mit „Mister Knister" (alias Ludger Jochmann aus Bottrop) als Sänger und Gitarrist, der hier den Beruf für sein Leben entdeckte. Moderiert von Ingeborg Oehme-Tröndle (*1938), die seit 1971 beim WDR zusammen mit Georg Bossert (1939–1995) für die progressive Kinder- und Jugendsendung „Rotlicht" zuständig war, führten 120 Schülerinnen und Schüler der Grundschule Klosterstraße ein Spiel auf, in das die prominenten Gäste Janosch, Hans-Joachim Gelberg, Boy Lornsen und Heinrich-Maria Denneborg einbezogen waren.

Doch das war längst nicht alles. Horst Eckert, besser bekannt unter seinem Künstlernamen Janosch, der am 11. März 1971 40 Jahre alt geworden war, zeichnete und erzählte für die Kinder seine Geschichten: „Lari Fari, Mogelzahn" (Beltz & Gelberg 1971) und „Lukas Kümmel Zauberkünstler" (erst 1974 veröffentlicht). Die Frage, warum er denn Schriftsteller und Zeichner geworden war, beantwortete Janosch einige Jahre später: „Um der Freiheit willen, weil ich nichts so sehr wollte, als ein bißchen frei sein. Gut, es gibt nicht viel Freiheit für den Menschen, aber das bißchen äußere Freiheit wollte ich haben."[4] Der Grund, warum er am liebsten für Kinder Geschichten erfindet und zeichnet, erklärt sich aus Janoschs eige-

---

[4] Dieses und das folgende Zitat von Janosch findet sich in: Autoren erinnern sich. 10 x IKiBu in Duisburg 1971–1985. Hrsg. von der Stadt Duisburg zur 10. IKiBu 1985 in der Stadtbibliothek, S. 82–83.

ner Biografie und ist auf bewegende Weise einleuchtend: „Und zwar ist das Leben nur dann gut, wenn man weiß WIE man es leben muss. Und genau das sagt uns keiner (mir jedenfalls sagte das keiner, als ich es hätte erfahren müssen. Am Anfang des Lebens nämlich). […] Was man wissen will und wissen muss, damit man richtig leben kann, muss man sich meist mühsam und sehr hart zusammensuchen. […] Also ich schreibe Geschichten auf, damit manch einer darin findet, wie er vielleicht leben kann. Für mich wäre es das Schönste, wenn ich wenigstens 100 Menschen den Weg hätte zeigen können, wo es langgeht, damit das Leben gut ausgeht." Janosch hatte 1960 im Münchner Georg Lentz Verlag sein erstes Buch veröffentlicht: „Die Geschichte von Valek dem Pferd". Nach mehreren Büchern im Middelhauve Verlag (Köln) und im Georg Bitter Verlag (Recklinghausen) erschienen die von ihm selbst illustrierten Geschichten von 1971 bis 1983 im Verlag Beltz & Gelberg.

Auch der 1930 in Duisburg-Hamborn geborene Wilfried Blecher zeichnete und las für die Kinder. Seit 1955 als freier Maler und Grafiker tätig, war Blecher gleich zweimal mit dem Deutschen Jugendbuchpreis ausgezeichnet worden: 1966 für sein Suchbilderbuch „Wo ist Wendelin" (Julius Beltz Verlag, Weinheim 1965) und 1970 für „Kunterbunter Schabernack. Ein Durcheinanderbilderbuch" (Georg Bitter Verlag, Recklinghausen 1969). Über seine besondere Zeichentechnik äußerte sich der Künstler im Zusammenhang mit seiner Geschichte „Und wunderbar verwandeln sich die Lena und der Friederich": „Für dieses Buch habe ich die Bilder, damit sie technisch besonders schön werden, direkt auf Film gezeichnet. (Es gab also keine Bilder auf Papier, die dann reproduziert wurden.) Als die Bilder gedruckt wurden, musste ich immer an der Druckmaschine stehen (ca. 5 Tage) und aufpassen, dass sie so werden, wie ich sie mir vorstelle. Die Buchdruckerarbeit war auch sehr schwierig, da viele Seiten extra durchgeschnitten und gefalzt sind."[5] Das ist überraschend modern, denn heutzutage entstehen Illustrationen zwar nicht mehr auf Film, aber auch ohne Papier-Original am PC.

1967 hatte Boy Lornsen (1922–1995) mit seinem 265 Seiten starken Kinderbuch „Robbi Tobbi und das Fliewatüüt" (Verlag K. Thienemann, Stuttgart) für Furore und zahlreiche Leser gesorgt. Die Geschichte des Roboters 344-66/IIIa, genannt Robbi, und des Fliewatüüt, das wie ein Hubschrauber fliegen, wie eine Ente auf dem Wasser schwimmen und wie ein Auto auf der Straße fahren kann, passte in eine Zeit, die innovativ, erfinderisch und zukunftsorientiert war. Die technisch aufwändige Verfilmung durch den WDR, die das Buch dann zu einem wahren Bestseller machte, begann zwar bereits 1969, zog sich allerdings über zweieinhalb Jahre hin, sodass die Ausstrahlung des Fernsehfilms in vier Folgen erst vom 3. September bis zum 1. Oktober 1972 erfolgen konnte. Regisseur war Armin Maiwald, vielen bekannt als einer der Erfinder der „Sendung mit der Maus", die seit 1971 vom WDR produziert wird und damit genauso alt ist wie die IKiBu. In deren erster Ausgabe war Boy Lornsen zu Gast und las den Duisburger Kindern nicht nur aus seinem großartigen Buch vor, sondern gab auch einen Einblick in seine Fähigkeiten als Absolvent der

---

[5] Autoren erinnern sich, S. 17.

Blick in die „Arena" der Medienausstellung in der Mercatorhalle

Janosch bei seiner Lesung im Rahmen der IKiBu

Großer Andrang vor dem Eingang der Mercatorhalle am 26. November 1971

Landeskunstschule in Hannover, als Tischler, Zimmermann und Steinbildhauermeister.[6]

1971 gewann der aus Dortmund stammende Buchhändler und Lektor Hans-Joachim Gelberg (1930–2020) den Verleger Manfred Beltz Rübelmann (1931–2015) für die Idee, der Verlagsgruppe Beltz ein eigenständiges Kinder- und Jugendbuchprogramm anzugliedern. Dazu konnte Gelberg die Erfahrungen aus seiner fünfjährigen Tätigkeit im Georg Bitter Verlag (Recklinghausen) einbringen, für den er bereits eine Kinder- und Jugendbuchproduktion aufgebaut hatte. Der Verlag Beltz & Gelberg startete mit gerade einmal acht Titeln – bei Gelbergs Ausscheiden aus der Verlagsleitung im Jahr 1997 waren es dann mehr als 900 Titel. Zu den von ihm geförderten Autor/innen und Illustrator/innen zählten Peter Härtling, Nikolaus Heidelbach, Janosch, Klaus Kordon, Christine Nöstlinger, Mirjam Pressler, Rafik Schami, Friedrich Karl Waechter und viele andere. Seit 1971 profilierte sich Gelberg auch als Herausgeber: mit dem ersten Jahrbuch für Kinderliteratur „Geh und spiel mit dem Riesen", für das er 1972 mit dem Deutschen Jugendbuchpreis ausgezeichnet wurde und das sich bis heute in mehr als 120.000 Exemplaren verkauft hat, sowie mit zahlreichen Lyrik- und Märchen-Anthologien. In Duisburg stellte Gelberg den neuen Verlag, seine Ideen und Projekte für eine zeitgemäße Kinder- und Jugendliteratur vor.

Zu den eingeladenen Autoren zählte auch die in Homberg geborene Elisabeth Borchers (1926–2013). Die damalige Lektorin des Luchterhand Verlags (1960–1971, danach bis 1998 beim Suhrkamp/Insel Verlag) hatte 1962 mit „Bi Be Bo Ba Bu die Igelkinder" im traditionsreichen Verlag Ellermann (Hamburg) ihr erstes Kinderbuch veröffentlicht, illustriert von Dietlind Blech. 1971 waren ihre Kinderbücher „Herr Elf und seine elf Töchter" (mit Illustrationen von Ursel Maiorana) sowie „Papperlapapp, sagt Herr Franz, der Rennfahrer" (mit Illustrationen von Renate Seelig) ebenfalls bei Ellermann (heute Verlagsgruppe Oetinger) erschienen. Barbara Bartos-Höppner (1923–2006) hatte bereits vor der ersten IKiBu in den Duisburger Bibliotheken aus ihren Kinder- und Jugendbüchern vorgelesen und war daher auch bei der Premiere mit dabei. 1985 erinnerte sie sich, dass „der Begriff ‚Schriftsteller zum Anfassen' dort aufgekommen [sein muss], bei diesen Leseveranstaltungen" in der Mercatorhalle.[7]

Willi Fährmann (1929–2017), in Beeck geboren und in der Nähe der König-Brauerei aufgewachsen, wo sein Vater beschäftigt war, arbeitete zunächst als Maurer, bevor er nach einer pädagogischen Ausbildung ab 1953 als Lehrer an einer Grundschule in Ruhrort wirkte. 1963 wurde er Schulleiter in Xanten und 1972 zum Schulrat befördert. Schon seit 1962 veröffentlichte Fährmann regelmäßig Kinder- und Jugendbücher, die er gerne und sehr gut vorlas. So zählte Fährmann selbstverständlich auch zu den Gästen der ersten IKiBu. Mit seinen Erzählungen „Die Stunde der Puppen" (Arena Verlag 1966), „Fisch-Bella" und „Ausbruchsversuch" vermittelte der nebenberufliche Schriftsteller den Kindern die Begeisterung für das Lesen. Denn: „Ohne diese Erfahrung, dass Geschichten hinreißend

---

[6] Ingrid Klemm: Das Spiel mit der Technik macht er zum Abenteuer [Bericht über die Veranstaltung mit Boy Lornsen auf der IKiBu], in: Welt am Sonntag vom 28.11.1971.

[7] Autoren erinnern sich, S. 7–8.

schön sind, wird niemand zum Leser und erst recht niemand zum Schriftsteller."[8] In den kommenden Jahren und Jahrzehnten blieb der Xantener der IKiBu in seiner Geburtsstadt Duisburg eng verbunden.

Der aus Frankfurt am Main stammende Herbert Heckmann (1930–1999) genoss nicht nur als Literaturwissenschaftler, Schriftsteller, Journalist und einer der Herausgeber der angesehenen Literaturzeitschrift „Die Neue Rundschau" des S. Fischer Verlags einen hervorragenden Ruf, sondern auch als Autor von Kinderbüchern. Sein erstes Kinderbuch „Der kleine Fritz" war 1968 erschienen und seine „Geschichten vom Löffelchen" (Köln 1970) hatte Janosch illustriert. Aus diesem Buch las er in Duisburg vor. Die Journalistin und Malerin Ute Blaich (1939–2004), die von 1978 bis 1991 Redakteurin für die Kinder- und Jugendbuchseiten der Wochenzeitung „DIE ZEIT" und danach als Lektorin bis 1998 für die renommierte rotfuchs-Kinderbuchreihe des Rowohlt Verlags verantwortlich war, blieb der IKiBu über Jahre hinweg verbunden. In Duisburg stellte sie ihr erstes Kinderbuch vor: „Das Mäuse-ABC" (Verlag Heinrich Ellermann 1972), dem 1973 „Milchreis, Colt & Veilchenfänger" und „Zwonimirkas Zwiebelkiste", 1974 „Das rosa Pferd" und 1978 „Homo ludens" folgten.

Neben der vielseitigen Welt der Bücher waren bei der IKiBu von Anfang an auch Theater, Filme, Musik und kreatives Gestalten feste Programmpunkte. 1971 führte das Berliner „Theater für junge Zuschauer" Otfried Preußlers Klassiker „Der Räuber Hotzenplotz" auf, der 1962 erschienen war. Heinrich-Maria Denneborg (1909–1987), der aus Gelsenkirchen-Horst stammte, hatte bereits 1929 den Ullstein-Story-Preis gewonnen und war seit den

---

[8] Autoren erinnern sich, S. 41.

1930er Jahren sowohl als Autor von Kinderbüchern als auch als Puppenspieler aktiv. 1958 wurde er für sein populäres Kinderbuch „Jan und das Wildpferd" mit dem Deutschen Jugendbuchpreis ausgezeichnet und auf Einladung des Goethe-Instituts führte Denneborg weltweit seine Puppenspielkunst vor. Auch in Duisburg erweckte er mit seinem Puppenspieltheater Märchen für das begeisterte Publikum zum Leben. Internationale Spiel- und Zeichentrickfilme für Kinder und Jugendliche waren an drei Tagen im Studio M der Mercatorhalle zu sehen, dem Ort des neuen kommunalen Kinos, dem ersten in Deutschland überhaupt, das 1970 eröffnet worden war. Ein Malwettbewerb zu den Themen „Unsere Welt" und „Was stellst Du Dir unter einem oder einer IKIBU vor?", Bastelwerkstätten, eine Plattenbar mit 70 Schallplatten zum Hören vor Ort, ein Spielezentrum, eine Bilderbuchdiaschau, ein Buch- und Spielzeugladen, und ein Ausstellungscafé rundeten das reichhaltige Programm ab. Zu erwähnen ist schließlich noch, dass damals auch Kinder aus den sogenannten Gastarbeiterfamilien sowie körperlich und geistig behinderte Kinder in das Programm einbezogen wurden. Migration und Inklusion wurden also bereits früh aufgegriffen – ein weiterer Beleg für die Innovationskraft in der damaligen Duisburger Stadtgesellschaft.

Die Resonanz auf die IKiBu war überwältigend. Hatte die „Neue Ruhr Zeitung" noch im Vorfeld gefragt: „Wer oder was ist IKIBU?",[9] so wusste nach dem neuartigen Literaturfestival nicht nur jedes Kind genau Bescheid. Mehr als 80.000 Besucherinnen und Besucher aus Duisburg und der gesamten Rhein-Ruhr-Region waren an den zehn Tagen in die Mercatorhalle gekommen. Bei einigen Veranstaltungen sprengte der Andrang sogar das Fas-

---

[9] Malwettbewerb „Wer oder was ist IKIBU?", in: NRZ vom 21.10.1971, Lokalteil.

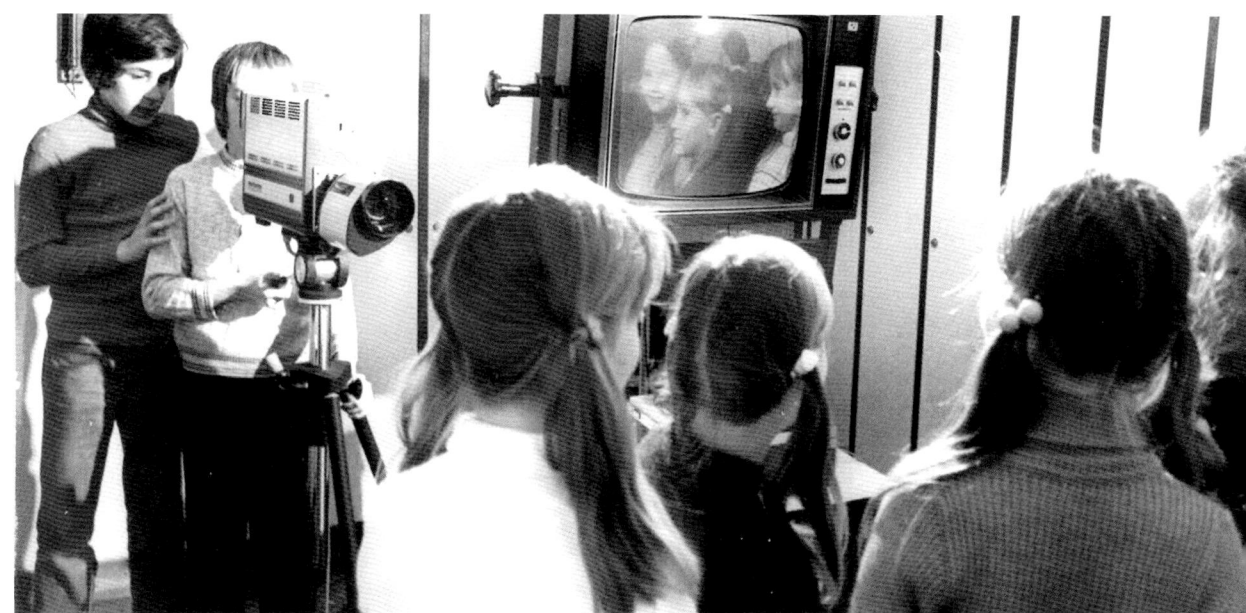

IKiBu-
Fernsehen

sungsvermögen der Halle. Die unkonventionelle Nutzung der „guten Stube" Duisburgs kam u.a. darin zum Ausdruck, dass die Scheiben der großen Außenfenster gleich zu Beginn von den Kindern unter Anleitung des Duisburger Künstlers James Schmitz, besser bekannt unter seinem Pseudonym Chinmayo (1936–2021), mit Farben in eine bunte Fantasie-Landschaft verwandelt werden durften und dass das Innenleben der Halle zu einer riesigen Spielwiese für Kinder geworden war.[10] „Alle Kinder lieben IKiBu", war sich jetzt auch die „Neue Ruhr Zeitung" sicher.[11] Kritische Stimmen kamen lediglich im Rahmen der Diskussionsveranstaltung über die aktuelle Kinder- und Jugendliteratur auf, die im Studio M der Mercatorhalle mit Verlegern, Autoren, Lektoren, Buchhändlern und Bibliothekaren stattfand. Dabei wurde der Räuber Hotzenplotz im Jargon der Zeit als „faschistoid" enttarnt und der „bonbonsüße", „falsche Zauber" der Märchenwelt beklagt, während man die Bearbeitung brisanter Themen wie Luftverschmutzung, soziale Konflikte oder fortschreitende Rationalisierungen in der Arbeitswelt vermisste.[12]

Sowohl die lokalen als auch die überregionalen Tageszeitungen, der WDR mit seinem Hörfunk- und Fernsehprogramm und die vom Hessischen Rundfunk produzierte Kultursendung „Titel, Thesen, Temperamente" berichteten über das Duisburger Ereignis. „Ein

---

[10] Kinder bemalten die Mercatorhalle, in: Kölnische Rundschau vom 27.11.1971, und Friedel Lammers: Ein Heidenspaß für die Kinder. Die Kinder durften die Fenster bemalen. IKiBu mit „Party" und viel Spiel eröffnet, in: Rheinische Post vom 27.11.1971, Lokalteil.

[11] Neue Ruhr Zeitung vom 2.12.1971, Lokalteil.

[12] Friedel Lammers: „IKiBu" im kritischen Gespräch. Jugendbücher als zu bonbonsüß bezeichnet. Im „Gefecht" Kind mit dem Bad ausgeschüttet, in: Rheinische Post vom 30.11.1971, Lokalteil; Gerhard Illgner: Hotzenplotz als „Faschist". Provokation eröffnete Duisburger Gespräch über Jugendliteratur, in: Westdeutsche Allgemeine Zeitung vom 30.11.1971, Lokalteil.

Riesenspaß mit vielen Informationen", titelte die „Rheinische Post".[13] „‚IKiBu' rückte Duisburg in das bundesdeutsche Blickfeld", hieß es in der „Westdeutschen Allgemeinen Zeitung".[14] Und die „Neue Ruhr Zeitung" stellte fest: „Eine echte Bedarfslücke gefüllt".[15]

Die Jahre des Ausbaus: Die IKiBu ab 1972

Angesichts dieser für alle Beteiligten überraschend positiven Bilanz stand rasch fest, dass
es nicht – wie ursprünglich gedacht – bei einem einmaligen Event, einer „Zehn-Tagesfliege"
im Spätherbst 1971 bleiben sollte, sondern dass das mutige und bundesweit einzigartige
Experiment die Chance zu einer Fortsetzung erhalten sollte.[16] Vom 11. bis zum 19. November 1972 fand dann die zweite IKiBu in der Mercatorhalle statt. Der Etat war von 40.000
DM aus dem Vorjahr auf 50.000 DM aufgestockt worden und das Land NRW gewährte
einen Zuschuss von 20.000 DM, sodass insgesamt 70.000 DM zur Verfügung standen.
Das erfolgreiche Vorbereitungsteam wurde verstärkt durch die damalige Modellbauabtei-
lung des Planungsamtes der Stadt Duisburg, das den Aufbau der gesamten Ausstellung
übernahm, und durch das Filmforum der Volkshochschule, das im Studio M der Mercatorhalle eine ganze Staffel von Kinder- und Jugendfilmen beisteuerte. Die Kritik aus dem
Vorjahr zeigte Wirkung. Im Rahmen der Ausstellungen wurden diesmal auch sperrige Themen aufgegriffen wie „Kind und Umwelt", „Zeitgeschichte im Jugendbuch" (u.a. mit dem
heftig umstrittenen Krieg der USA in Vietnam) oder „Literatur zum Drogenproblem". Eine
weitere Ausstellung war dem für Duisburg wichtigen Thema „Literatur für Gastarbeiter-
kinder" gewidmet. An internationaler Literatur waren englische, russische und tsche-
chische Kinderbücher vertreten.

Einen besonderen Schwerpunkt bildete der Deutsche Jugendbuchpreis 1972. Er wurde
am 11. November im Rahmen der IKiBu von Heinz Westphal (1924–1998), dem damaligen
Parlamentarischen Staatssekretär im Bundesministerium für Jugend, Familie und Gesund-
heit, im Großen Saal der Mercatorhalle an Otfried Preußler (1923–2013) und Hans-Joachim
Gelberg verliehen.

Otfried Preußler zählte bereits zu den Stars der deutschen Kinderbuchszene. Seine seit 1956
veröffentlichten Kinderbücher vom kleinen Wassermann, von der kleinen Hexe, vom Kater
Mikesch, vom Räuber Hotzenplotz mit den sieben Messern, dem bösen Zauberer Petrosilius
Zwackelmann und den guten Freunden Kasperl und Seppel, vom kleinen Gespenst und das
Jugendbuch „Krabat" nach einer sorbischen Sage hatten ein großes Lesepublikum gewonnen. „Ich schreibe für Kinder", so Preußler 1985, „weil ich Kinder gern habe. Und weil ich
weiß, dass Kinder Geschichten gern haben. Und weil ich hoffe, dass meine Geschichten

---

[13] Friedel Lammers: Ein Riesenspaß mit vielen Informationen. 80.000 Besucher kamen zur „IKiBu", in: Rheinische
Post vom 6.12.1971, Lokalteil.

[14] Waltraud Fest: Bedarfslücke geschlossen. „IKiBu" rückte Duisburg in das bundesdeutsche Blickfeld, in: Westdeutsche Allgemeine Zitung vom 6.12.1971, Lokalteil.

[15] IKiBu war ein „runder Erfolg" – Viel Besuch von auswärts. Mehr als 80.000 besuchten den Kinderbuch-Jahr-
markt, in: Neue Ruhr Zeitung vom 6.12.1971, Lokalteil.

[16] So der Vorbericht „Gut gewagt", in: Westdeutsche Allgemeine Zeitung vom 26.11.1971, Lokalteil.

den Kindern beim Lesen genauso viel Spaß machen wie mir beim Schreiben."[17] Am 13. November las und sprach Preußler mit den Kindern in der Mercatorhalle über seine Bücher. Zur Preisverleihung fand im Studio M eine Podiumsdiskussion mit Autoren, Verle-

---

[17] Autoren erinnern sich, S. 136-138, hier S. 137.

gern, Buchhändlern, Kritikern, Juroren und Bibliothekaren statt. Sie beschäftigten sich mit der Frage „Kinderbücher – für wen und wofür?", also mit einer präziseren Bestimmung der sozialen Zielgruppen, der inhaltlichen und qualitativen Ziele der Kinderbuchliteratur.

Die Deutsche Bundespost hatte in der Mercatorhalle ein „Sonderpostamt" eingerichtet, über das Briefe mit einem Sonderstempel zur IKiBu verschickt werden konnten. Bemerkenswert und für die damalige Zeit völlig neuartig war auch die „Schreibwerkstatt", die Hans-Joachim Gelberg mit 36 Schülerinnen und Schülern einer vierten Schulklasse der Gemeinschaftsgrundschule Obermauerstraße veranstaltete. Es ging dabei darum, die Kinder nicht nur zu passiven Rezipienten von Literatur zu machen, sondern zu aktiv Mitgestaltenden. Themensuche, Erzählversuch, technische Verwirklichung und das Drucken der Geschichte „Frank sucht Anschluss" wurden gemeinsam erarbeitet und gestaltet. Es ist die Geschichte eines Außenseiters, der von seinen Mitschülerinnen und Mitschülern ausgegrenzt und gepiesackt wird. Für das Ende haben sich die jungen Autorinnen und Autoren unterschiedliche Szenarien ausgedacht, bei denen aber vor allem die Solidarität und Freundschaft siegen. „Ich wünsche mir", so Hans-Joachim Gelberg in seinem Rückblick aus dem Jahr 1985, „dass wir Autoren und Büchermacher möglichst viel richtig machen, damit Kinderbücher immer mehr zur besten Literatur der Welt gehören. Auch dazu ist die IKiBu da. Und dazu brauchen wir auch die Meinung der Kinder. Die kann man auf der IKiBu bekommen. Die besten Kinderbücher, denke ich, sollten Kindern und Erwachsenen gemeinsam gefallen. Was alles so in einem Kinderbuch stecken kann, das möchte ich immer wieder herausfinden."[18]

Das „Theater für sehr junge Zuschauer" wurde damals bundesweit entdeckt, gefordert und gefördert. Zur IKiBu des Jahres 1972 erschien daher eine eigene Broschüre „theater für kinder, bühnen und bücher", vorgestellt von der Stadtbücherei Duisburg. „Der Dichter mit dem Kasperletheater" war ein prägnantes Porträt von Heinrich Maria Denneborg, dem „Puppenspieler und Poeten". Das Hohnsteiner Theater, 1921 von Max Jacobs gegründet und in Essen beheimatet, führte zur IKiBu das Märchen „Der kleine Tiger" mit Stabpuppen auf, die noch der berühmte Puppenspieler Václav Havlík (1884–1945) in Prag entworfen hatte. Ruth Schröder aus Köln war mit ihrem Rheinisch Bergischen Marionettenspiel zu Gast und stellte den Kindern E.T.A. Hoffmanns Märchen „Das fremde Kind" vor. Auch Ted Morés „Die Werkstatt"/Studio für Kasperletheater und Satire begeisterte das junge Publikum. Alle Aufführungen fanden im Studio M der Mercatorhalle statt. Dessen 1969 gegründetes Ensemble aus Berufsschauspielern, Regisseuren und Bühnenbildnern führte zur IKiBu das Musical „Balle, Malle, Hupe und Artur"auf. Den gesellschaftspolitischen Text dazu hatte das Autorenkollektiv des Berliner Reichskabaretts verfasst, die beatbasierte Musik stammte von Hansgeorg Koch. Insgesamt lockte die 2. IKiBu rund 100.000 Menschen an.

Die beispiellose Erfolgsgeschichte der IKiBu setzte sich in den Folgejahren fort. Am Programm der 3. IKiBu 1973 (8. bis 18. November), das insgesamt 68 Veranstaltungen

---

[18] Autoren erinnern sich, S. 55.

24

umfasste, wirkten wieder zahlreiche Schriftstellerinnen und Schriftsteller, Verleger und Künstler aus Deutschland, Österreich und Dänemark mit. Hans-Joachim Gelberg berichtete über seine aktuelle Verlagsproduktion. Hans-Christian Kirsch (1934–2006), der unter dem Pseudonym Frederik Hetmann seit 1962 als freier Schriftsteller Geschichten für Erwachsene und Kinder geschrieben hatte, kam als damaliger Lektor und Herausgeber im Otto Maier Verlag Ravensburg nach Duisburg. Neben der Kinder- und Jugendliteratur förderte Kirsch auch die Entwicklung von Gesellschaftsspielen und Puzzles, für die der Ravensburger Verlag bis heute bekannt ist. Hans-Georg Noack (1926–2005) hatte seit 1955 zahlreiche Kinder- und Jugendbücher veröffentlicht, die eine Millionenauflage erreichten. Für das von Noack aus dem Englischen übersetzte Jugendbuch „Ein nützliches Glied der Gesellschaft", das 1972 im Signal Verlag (Baden-Baden) erschienen war, erhielt die amerikanische Schriftstellerin Barbara Wersba (1932–2018) 1973 den Deutschen Jugendbuchpreis.

Der 1945 geborene Schauspieler Tilman Röhrig hatte mit seinem ersten, autobiografisch geprägten Jugendroman „Thoms Bericht" einen so großen Erfolg, dass er seither als freier Schriftsteller leben konnte. Er veröffentlichte bis heute zahlreiche historische Jugendromane, historische Sachbücher für Jugendliche, Sammlungen von Sagen und Legenden, Kinderbücher und Hörspiele. Achim Bröger, 1944 in Erlangen geboren, begann 1973 seine erfolgreiche Karriere als Autor von Kinder- und Jugendbüchern, die inzwischen in mehr als 20 Sprachen übersetzt worden sind. Auf der IKiBu las er aus seinem gerade im Thienemann Verlag (Stuttgart) erschienenen Buch „Der Ausreden-Erfinder und andere Bruno-Geschichten". Es war von der Grafikerin Gisela Kalow (*1946) illustriert worden, mit der zusammen Bröger zahlreiche Bilderbücher entwickelt hat. Der Auftritt in Duisburg war, wie sich der Schriftsteller 1985 erinnerte, „ein besonderes Erlebnis. Damals hatte ich noch kaum Lesungen. Ich traf auf der IKiBu zum ersten Mal mehrere Kollegen. Wir unterhielten uns, tauschten Erfahrungen aus. Außerdem erlebte ich in diesen Tagen, wie andere auf meine Geschichten reagierten. Ich war aufgeregt und gespannt. So viele Bücher. So viele Leute."[19]

Weitere Gäste waren: der Duisburger Journalist und Kinderbuchautor Erwin Reitmann (1909–1984); die Journalistin, Verlagslektorin, Kinder- und Jugendbuchautorin Irmela Eisenhardt-Brender (1935–2017) mit „Rasierst du dich auch mal, General?" (Bertelsmann Jugendbuchverlag, Gütersloh 1973); Barbara Bartos-Höppner mit ihrem Kinderbuch „Schnüpperle und das Ponyfest" (Bertelsmann Jugendbuchverlag 1973); der 1938 geborene Illustrator und Kinderbuchautor Rüdiger Stoye mit seiner Geschichte „In der Dachkammer brennt noch Licht" (Otto Maier Verlag Ravensburg 1973); die 1934 in Berlin geborene Rundfunk- und Fernsehjournalistin Cornelia Jacobsen mit ihrem gerade im Otto Maier Verlag Ravensburg veröffentlichten Sachbuch „Wählen Sie doch unsere Mutter!"; Heinrich Pleticha (1924–2010), der das im Arena Verlag (Würzburg) erschienene historische Jugendbuch „Geier über dem Montségur. Der heldenhafte Kampf einer Schar auserlesener Ritter gegen König und Papst" von Inge Ott vorstellte.

---

[19] Autoren erinnern sich, S. 32.

kommt zur

IKiBu'73

Internationale Kinder- und Jugendbuch Ausstellung
Duisburg, Mercatorhalle vom 8.11.-18.11. 1973
geöffnet von 10-18 Uhr, am 8. und 18.11. von 10-21 Uhr
Eintritt frei!

F.K. Waechter bei seinem ersten Auftritt auf der IKiBu

Ein absoluter Höhepunkt war die Verleihung des Deutschen Jugendbuchpreises für das Jahr 1973 im Rahmen der Eröffnungsveranstaltung im Großen Saal der Mercatorhalle. Bei ihr waren der Schirmherr der IKiBu, Kultusminister Girgensohn, und die damalige Bundesfamilienministerin Katharina Focke (1922–2016) persönlich anwesend. Im Großen Saal der Mercatorhalle, der mit knapp 1.800 Kindern und Erwachsenen voll besetzt war, verlieh die Bundesministerin den Deutschen Jugendbuchpreis an die österreichische Schriftstellerin Christine Nöstlinger (1936–2018) für ihr Kinderbuch „Wir pfeifen auf den Gurkenkönig", das 1972 im Verlag Beltz & Gelberg erschienen war. Darin geht es um Wolfgang Hogelmann und seine Familie, die den gemeinen, hinterlistigen, blöden und autoritären Kellerkönig Kumi-Ori vertreiben, um wieder in Ruhe und Frieden leben zu können. Mit ihren zahlreichen Geschichten, die sie seit 1970 für Kinder schrieb, wollte Christine Nöstlinger ihre Leser/-innen nicht belehren oder erziehen, sondern ernst nehmen: „Weil ich ja Kindern bloß Geschichten aus ihrem Alltag erzähle, ohne sie zu belügen und ohne die Wirklichkeit zurechtzubiegen. Allerdings, und das war mein einziger spezieller Anspruch an die Kinderliteratur, nur die Geschichten zuzulassen, die Sehnsucht wecken, Hoffnungen zulassen und Möglichkeitssinn nicht ausschließen."[20] Zur Preisverleihung wurde das Buch gegen die Tyrannei der Erwachsenen als Theaterstück mit Kindern auf die Bühne der Mercatorhalle gebracht, wobei die selbst gebastelten grünen Gurkenköpfe unvergessen blieben. Im Anschluss wurde der 14. Vorlese-Wettbewerb des Börsenvereins des Deutschen Buchhandels eröffnet.

[20] Zitiert nach Roswitha Buddeus-Budde, in: Süddeutsche Zeitung Nr. 195 vom 25./26.8.2018, S. 22. Vgl. auch Christine Nöstlinger: Glück ist was für Augenblicke. Erinnerungen. Nach aufgezeichneten Gesprächen mit Doris Priesching. Mit einer Bibliografie von Sabine Fuchs, St. Pölten/Salzburg/Wien 2013.

Neben dem Grafiker Günther Stiller kam erstmals Friedrich Karl Waechter (1937–2005) zur IKiBu. Der in Frankfurt am Main lebende Künstler hatte seit den frühen 1960er Jahren mit seinen satirisch-bissigen Cartoons für die Zeitschrift „Pardon" auf sich aufmerksam gemacht. Daneben hatte Waechter für sich das Schreiben und die Illustration von Kinderbüchern, ab 1974 auch von Theaterstücken für Kinder entdeckt. An seinen ersten Auftritt bei der IKiBu erinnerte er sich 1985: „In Duisburg habe ich mich Kindern als Zeichner vor-

Die Redaktion der IKiBu-Zeitung in der Mercatorhalle

Georg Bossert (WDR) im Gespräch mit Imma Wick

gestellt, der keine Einfälle hat. Also hatten sie die Einfälle und ich zeichnete. Auf diese Weise entstanden Geschichten, die oft so böse, so pornografisch und so brutal waren, wie kein Kinderbuchautor sie hätte schreiben dürfen. Es waren wunderbare Geschichten, aus denen ich viel gelernt habe."[21]

---

[21] Autoren erinnern sich, S. 176.

Die Medienpräsentation umfasste insgesamt rund 1.800 deutsche und fremdsprachige Kinder- und Jugendbücher (vertreten waren dabei Bücher aus der BRD und der DDR, aus Frankreich, Finnland und der Sowjetunion), 180 Schallplatten für Kinder, die in einem gesonderten Verzeichnis vorgestellt wurden und in die Interessierte an einer „Schallplattenbar" hineinhören konnten, sowie ein umfangreiches Spielangebot, das vor Ort ausprobiert werden konnte. Duisburger Buchhandlungen und Spielzeugläden waren im unteren Foyer der Mercatorhalle mit Präsentations- und Verkaufsständen vertreten. Zum Programm gehörten auch wieder Theateraufführungen: von Ray Nusselein (1944–1999) aus Kopenhagen mit seinem „Paraplyteatret"/Einmann-Regenschirmtheater, von Heinrich Maria Denneborg als „Dichter mit dem Kasperletheater" und von Ted Moré mit seinem Marionettentheater. Auch die „neuen Medien" waren bereits präsent. Ilse Salzmann von der Düsseldorfer Kunstakademie leitete ein Fernsehvideoprojekt. Sigrid Kruse zeigte 4- bis 8-jährigen Kindern Bilderbücher im Dia. Schüler des Max-Planck-Gymnasiums produzierten eine „IKiBu-Zeitung", deren Verkaufserlös dem Oberhausener Vietnam-Kinderdorf gespendet wurde. Im Studio M beschäftigte sich eine aus Autor/innen, Pädagog/innen und Soziolog/innen zusammengesetzte Diskussionsrunde mit dem Thema „Spielen – Lernen – Lesen. Luxus unter Leistungsdruck".
Die Publikumsresonanz des Vorjahres wurde mit rund 160.000 Besuchern noch einmal übertroffen. Entsprechend groß war auch das bundesweite Presseecho.

Ab 1974 wurden die Zentralbibliothek, die Bezirksbibliotheken im gesamten Stadtgebiet, das Wilhelm Lehmbruck Museum, das Niederrheinische Museum und das Museum der Deutschen Binnenschifffahrt, die Niederrheinische Musikschule, die Duisburger Buchhandlungen und das traditionsreiche Duisburger Spielwarengeschäft Roskothen in das Pro-

Autorenlesung
mit Jo Pestum
in der
Mercatorhalle

gramm einbezogen. Mit einer Reihe vorgezogener Veranstaltungen im Oktober 1974 hoffte man, die bislang auf zehn Tage konzentrierte Angebotsdichte zu entzerren und den kaum noch zu bewältigenden Publikumsandrang besser kanalisieren zu können. Die Veranstaltungen fanden dann vom 21. November bis zum 1. Dezember statt: zum einen zentral mit den Ausstellungen, Lesungen und Spielmöglichkeiten in der Mercatorhalle, zum anderen dezentral in den Zweigstellen der Stadtbibliothek und in den Schulen, um Kindern auch an ihrem unmittelbaren Wohnort die Teilnahme zu ermöglichen. Die Themenschwerpunkte waren der Lebenswirklichkeit in einer Industriestadt angepasst: „Kind und Umwelt", „Kind und Arbeitswelt". Darüber hinaus war eine Dokumentation der Kinderliteratur aus Flandern zu sehen. Die Buchausstellungen präsentierten schwerpunktmäßig Neuerscheinungen aus dem Sachbuchbereich, Literatur zur musikalischen Früherziehung und Literatur zur Pädagogik des Spiels. Damit reagierte die IKiBu auf das damals zunehmende Angebot von Gesellschaftsspielen und deren Einbeziehung in den Ausleihbestand der Öffentlichen Bibliotheken.[22] Das Wilhelm Lehmbruck Museum bot die Aktion „Kinder machen einen Banner" an und begann mit einem Programm zur stärkeren Einbeziehung von Kindern in die Kunstvermittlung – das heute selbstverständliche „Kindermuseum". Die Kinder erwarteten auch wieder zahlreiche Theateraufführungen, Musikkonzerte und Filmvorführungen.

An den 65 Lesungen mit anschließenden Gesprächen in der Mercatorhalle und in den Stadtteilen waren beteiligt: Barbara Bartos-Höppner; die französisch-deutsche Kinder- und

---

[22] Dazu Martha Höhl: Öffentliche Büchereien: Es darf gespielt werden, in: Buchreport Nr. 14 vom 4.4.1975, S. 38–39.

Jugendbuchautorin Antoinette Becker (1920–1998); die Rundfunk-/Fernsehmoderatorin und Kinderbuchautorin Ute Blaich; Dieter Brembs (*1939) mit seinem erfolgreichen Kinderbuch „Brembs' Tierleben. Von möglichen und unmöglichen Tieren" (Verlag Beltz & Gelberg 1974); Willi Fährmann; der Zoologe und Sachbuchautor Otto von Frisch (1929–2008), der von 1971 bis 1973 die ZDF-Dokumentarreihe „Paradiese für Tiere" moderiert hatte und für „Tausend Tricks der Tarnung" (Schreiber Verlag, Esslingen 1974) mit dem Deutschen Jugendbuchpreis ausgezeichnet wurde; der Lyriker und Kinderbuchautor Josef Guggenmos (1922–2003); Boy Lornsen mit seinem neuen Kinderbuch „Der Brandstifter von Tarrafal" (Verlag K. Thienemann 1974); der 1935 in München geborene Autor, Illustrator und Maler Ali Mitgutsch, der 1969 für sein Kinderbuch „Rundherum in meiner Stadt" (Otto Maier Verlag Ravensburg 1968) den Deutschen Jugendbuchpreis erhalten hatte und mit seinen Wimmelbilderbüchern für Kinder bekannt geworden war; Hans-Georg Noack; Jo Pestum (1936–2020), in Essen als Johannes Stumpe geboren, veröffentlichte seit 1968 vor allem Kriminalgeschichten sowie zahlreiche Bilder-, Kinder- und Jugendbücher, die er zum Teil selbst illustrierte und in seiner „Edition Pestum" herausgab; der mit dem Ruhrgebiet eng verbundene Josef Reding (1929–2020), der seine Schriftstellerkarriere mit Jugendbüchern begonnen hatte; der 1946 in Lüdenscheid geborene Karikaturist, Cartoonist und Kinderbuchautor Wilhelm Schlote; Wolfdietrich Schnurre (1920–1989), der neben Erzählungen und Romanen für Erwachsene auch gerne für Kinder schrieb.

1975 stand die 5. IKiBu vom 7. bis zum 16. November unter dem Motto „Phantasie ohne Zwerg und vor dem Berg". Damit angesprochen werden sollten die „soziale Phantasie" und die „Kreativität im Bereich realer kindlicher Umwelt". Zeitgemäß originell war das gesamte Programm, das zum Nachdenken und Mitmachen einlud. Die Schriftsteller Klas Ewert Everwyn (*1930) aus Köln, Frank Göhre (*1943) aus Bochum und Uwe Wandrey (*1939) aus Hamburg widmeten sich einem bislang vernachlässigten Thema: „Wie sollen Bücher für Lehrlinge aussehen?". Die Illustratorin Almut [Gehebe-]Gernhardt (*1950) und ihr Mann, der Schriftsteller Robert Gernhardt (1937–2006), dachten sich mit den Kindern Geschichten aus, malten und dichteten („Ich höre was, was Du nicht siehst"). Gernhardts Freund und Kollege F.K. Waechter zeichnete mit den Kindern aus freier Fantasie („Ich bin F.K. – Wer bist du?").
„Hörspiele – gehört – diskutiert – selbstgemacht" mit dem Ravensburger Autor, Dramaturg und Regisseur Wolfram Frommlet (*1945) wollte die Kinder animieren, Ideen für das Schreiben und Inszenieren eigener Hörspiele zu entwickeln. „Nicht gucken – selber machen!", hieß es auch mit dem Kameramann und Cutter Werner Hewig (*1953), der Kindern den professionellen Umgang mit der Super-8-Kamera vermittelte. Mit dem „Glotzofonium" spielten Jo Pestum und Werner Hewig mit den Kindern Fernsehen, um dessen Funktions- und Wirkungsweise kritisch zu hinterfragen. Walter Schobert vom Deutschen Filmmuseum in Frankfurt am Main warf in seiner „Filmwerkstatt für Kinder" einen Blick hinter die Kulissen des Kinos. Mit Ute Blaich konnten die Kinder die Kunst für sich entdecken, betrachten und selbst malen. Hans-Joachim Gelberg hatte diesmal Poster mitgebracht, die die Kinder nach Herzenslust umgestalten konnten („Make up für Poster"). Unter

der Überschrift „Auf zur Fotosafari durch Duisburg" war ein Fotowettbewerb ausgeschrieben worden, deren Preisträger im Rahmen der IKiBu ausgezeichnet wurden. Der Lehrer, Kritiker und Autor u.a. von Bilderbüchern Horst Künnemann, 1929 in Berlin geboren, sprach mit den Kindern über die beliebten Comics: „Asterix und Konsorten". Peter Härtling (1933–2017) diskutierte mit Elisabeth Borchers, Hans-Joachim Gelberg, Uwe Wandrey und Horst Künnemann über die Frage „Phantasie im Kinderbuch – eine Frage verlegerischer Phantasie?". Mit den Lehrern und Schriftstellern Ludwig Harig (1927–2018) und Konrad Wünsche (1928–2012) konnten Schülerinnen und Schüler unter der Überschrift „Kreativität, Phantasie, Sprache" über die Frage diskutieren „Was heißt Lesekultur für Kinder?".

Im Rahmen der Lesungen stellte Peter Härtling seinen neuen Kinderroman „Oma" (Beltz & Gelberg 1975) vor. Elisabeth Borchers unterhielt sich mit den Kindern über ihre Bücher und ihr Anliegen als Schriftstellerin. Mit dem „Streitbuch für Kinder" und dem „Ja-Buch für Kinder" (Beltz & Gelberg 1973 und 1974), für die Günther Stiller jeweils die Illustrationen beisteuerte, wurde Irmela Eisenhardt-Brender bekannt. Auf der IKiBu sprach sie mit den Kindern über ihre Motivation für das Schreiben und über ihre Bücher. „Kristine vergiß nicht" war der Titel des neuen Jugendromans, dem letzten Teil der Tetralogie „Die Bienmann-Saga" (Arena Verlag Würzburg 1974), aus dem Willi Fährmann vorlas. Paul Maar hatte „Eine Woche voller Samstage" mitgebracht (Beltz & Gelberg 1973). Josef Ippers (1932–1989), Seemann, Hafen- und Fabrikarbeiter, Kaufmännischer Angestellter und Schriftsteller aus Neuss, las und diskutierte mit den Kindern über seinen Roman „Am Kanthaken" (Fischer Taschenbuchverlag 1974). Darüber hinaus gab er im Rahmen einer Literaturwerkstatt Einblicke in die Entstehung eines neuen Romans. Eugen Oker (1919–2006), der wegen seiner Besprechungen von Gesellschaftsspielen für DIE ZEIT und die Frankfurter Rundschau in den Jahren 1964 bis 1975 als der „Spielepapst" tituliert wurde, las aus sei-

*Die beliebte
Schallplattenbar
in der
Mercatorhalle*

nem Familienbuch „Babba, sagt der Maxl, du musst mir eine Geschichte erzählen" (Oetinger Verlag 1973). Tilman Röhrig machte die Kinder mit seinem historischen Roman
„Mathias Weber, genannt der Fetzer" (Anrich Verlag 1975) bekannt, in dem die Geschichte
eines 1778 in Grefrath geborenen und 1803 in Köln hingerichteten Banditen nacherzählt
wird. Unter der Überschrift „Ich bin doch auch wie ihr" erzählte und zeigte Elisabeth [Nig-
gemeyer-]Pfefferkorn ihr Fotobilderbuch über ein behindertes Kind (Otto Maier Ravensburg
Verlag 1975), zu dem Antoinette Becker den Text geschrieben hatte. Renate Welsh widmete sich mit ihrem Buch „Der Staatsanwalt klagt an" (Verlag Jugend und Welt, Mün-
chen/Wien 1975) dem schwierigen Thema der Jugendkriminalität. Der Journalist und
Fernsehmoderator Kurt Lavall (1923–1977) berichtete „Aus der Welt des Sports" über
seine persönlichen Erfahrungen bei Fußball-Weltmeisterschaften und Olympischen Spielen,
über die er mehrere Bücher veröffentlicht hatte.

Unter den Autoren konnte erstmals auch Günter Herburger (1936–2018) in Duisburg
begrüßt werden. Er hatte seit 1964 Erzählungen und Romane für Erwachsene veröffentlicht, 1966 aber auch mit dem Schreiben von Kinderbüchern begonnen. Zu Beginn der
1970er Jahre erschienen seine „Birne"-Geschichten: „Birne kann alles. 26 Abenteuergeschichten für Kinder" und „Birne kann noch mehr. 26 Abenteuergeschichten für Kinder
(beide Luchterhand Literaturverlag 1971); 1975 folgte „Birne brennt durch. 26 Abenteuergeschichten für Kinder und Erwachsene" (Luchterhand Literaturverlag). Aus dieser Neuerscheinung las Herburger auf der IKiBu. Kindern vorzulesen, war für ihn eine
Lieblingsbeschäftigung, wobei es für ihn eine „Demarkationslinie" gab: „Ab dreizehn, vier-
zehn sind sie meist von Platten- und Fernsehpest verseucht, ahmen, durch die Pubertät
gezwungen, Erwachsensein nach, werden misstrauisch und kleinlich, bereits in der Schule
von Karrieredruck gebeugt. [...] Jedoch die Jüngeren hören zu, still oder sich gegenseitig

Auftritt von Peter Bursch mit seiner Gitarre

boxend, sodass man nach jeder Geschichte der Motorik freien Lauf lassen sollte, entgegen der Geniertheit von Aufsichtspersonen, und gemeinsam stampfen wir dann mit Geschrei auf der Stelle zum Mond, um befreit wieder auf unsere Plätze zurückzufallen. Kinder sind rücksichtslose Verwerter riskanter Phantasie, wozu Birne, Figur zahlreicher Erzählungen, herausfordert, ohne dass sie mit den nicht so omnipotenten Eltern oder größeren Geschwistern verglichen werden muss, eine naive Gelegenheit ludernder Exzentrik."[23] Das politische Klima für die freie Entfaltung von Kindern hatte sich allerdings nach Einschätzung Herburgers verändert: Sie revoltierten nicht mehr gegen die Welt der Erwachsenen, wie in den Jahren 1967/68, sondern waren „schüchterner, trauriger geworden".

Neben dem Buch, das im Zentrum des Interesses blieb, rückten 1975 verstärkt die audio-visuellen Medien ins Blickfeld. Vom 7. bis zum 16. November wurden ein Fotowettbewerb zum Thema „Miteinander leben, beieinander wohnen. Die Stadt als Umwelt für Kinder" und eine Hörspielwerkstatt angeboten, kleinere Fernsehspiele produziert, eine „Medio-thek" zum Themenbereich Türkei präsentiert, 20 deutsche und internationale Kinder- und Jugendspielfilme gezeigt. Dazu gab es auch ein Symposium mit Filmfachleuten, Regisseu-ren und Journalisten über den „Kinderfilm in der BRD". Die große Abschlussveranstaltung in der Mercatorhalle moderierte Georg Bossert vom WDR-Rundfunk. Erklärtes Ziel war es, „ein besseres Verständnis und ein kritischeres Verhalten zu den Medien anzuregen". Das Programm wurde diesem ambitionierten Anspruch gerecht und der Zuspruch war riesig.

---

[23] Aus Günter Herburger: Panische Fahrten, in: Das Flackern des Feuers im Land. Beschreibungen, Darmstadt/Neu-wied 1983, zitiert nach Autoren erinnern sich, S. 69. Das folgende Zitat ebd., S. 70.

Diskussion über die Aufführung des Theaterstücks „Oder auf etwas schießen, bis es kaputt ist" (1977)

Judith Kerr bei der Lesung aus ihren Erinnerungen „Als Hitler das rosa Kaninchen stahl" im Kleinen Saal der Mercatorhalle

Die IKiBu vom 18. bis zum 27. November 1977 widmete sich dem Schwerpunktthema „Kinder und Jugendliche in der Familie". Im Juli jenes Jahres war das neue Ehe- und Familienrecht in Kraft getreten, mit dem die sozial-liberale Koalition in Bonn die Grundlage für die Gleichberechtigung von Frau und Mann in der Ehe schuf und auch die Rechte der Kinder in den Familien stärkte. Daher wurde während des Festivals zusammen mit Eltern über das Thema „Kinder und Jugendliche in der Familie" diskutiert, wobei von der Stadtbiblio-

thek zur aktiven Unterstützung Informationen über Bücher zu diesem gesellschaftspolitischen Thema zusammengestellt worden waren. Auch das brisante Thema „Jugendarbeits-
losigkeit und ihre Folgen" wurde in die Diskussionen einbezogen. Um auf die IKiBu in
besonderer Weise aufmerksam zu machen, hatte der Duisburger Künstler Werner Hewig
einen Unimog zum „IKi-Bus" umgestaltet. Mit ihm fuhr das Theater Reibekuchen zu den
Menschen in den Stadtteilen, sorgte mit Theaterimprovisationen auf den Straßen für Aufmerksamkeit und stellte mit Dias, Videos und Informationsbroschüren das Programm vor.
Für das internationale Flair bei der IKiBu sorgten Kinderbücher aus Frankreich, England,
Polen und der Sowjetunion. Die Grafikausstellungen zeigten neben Arbeiten von Günther
Stiller Originale von zwei herausragenden internationalen Künstlern: des amerikanischen
Kinderbuchautors und -illustrators Maurice Bernard Sendak (1928–2012), dessen Bücher
und Illustrationen seit 1956 auch in deutschsprachigen Verlagen veröffentlicht worden
waren und dessen „Geschichte von den sieben kleinen Riesen" 1975 bei Diogenes erschie-
nen war; und des genialen Elsässers Tomi Ungerer (1931–2019), der im Laufe seines
Lebens mehr als 150 Kinderbücher illustriert und teilweise selbst geschrieben hat.

Unter den mehr als 30 Autorinnen und Autoren, die zur IKiBu eingeladen worden waren,
ragte Judith Kerr (1923–2019) heraus. Sie war die Tochter des bekannten Berliner Theaterkritikers Alfred Kerr (1867–1948), die im Februar 1933 mit ihrer Familie emigrieren
musste: erst in die Schweiz und nach Frankreich, 1935 dann nach England. In London
studierte Judith Kerr von 1945 bis 1948 an der Central School of Arts and Crafts. Seit den
1950er Jahren arbeitete sie als Rundfunkjournalistin bei der BBC, als freiberufliche Illustratorin und als Autorin. 1971 erschienen Judith Kerrs Erinnerungen an ihre Exiljahre von
1933 bis 1935: „When Hitler Stole Pink Rabbit", das 1973 in der deutschen Übersetzung
von Annemarie Böll (1910–2004) unter dem Titel „Als Hitler das rosa Kaninchen stahl" im
Otto Maier Verlag Ravensburg veröffentlicht, 1974 mit dem Deutschen Jugendbuchpreis
ausgezeichnet und bis heute zu einem erfolgreichen Longseller wurde. 1975 folgte die
Fortsetzung „Warten bis der Frieden kommt", ebenfalls übersetzt von Annemarie Böll für
den Ravensburger Verlag. Es sei ihr, so Judith Kerr, beim Schreiben darum gegangen, dar-
zustellen, „wie es wirklich war", und dies in einer Art, die auch ihre eigenen Kinder interessieren könnte.[24] Den Erwachsenen stellte die Autorin im Rahmen einer Abendlesung in
der Zentralbibliothek den Abschluss ihrer Trilogie vor: „Eine Art Familientreffen", der dann
1979 in der deutschen Übersetzung im Ravensburger Verlag erschien.

Neben Christine Nöstlinger war auch wieder Paul Maar auf der IKiBu zu Gast. Der 1937
geborene Schriftsteller und Illustrator schrieb seit 1968 für Kinder, seit 1973 auch Thea-
terstücke (nach der Begegnung mit Mister Knister auf der IKiBu in Duisburg) und übersetzte zusammen mit seiner Ehefrau Nele Bücher aus dem Englischen. Für die
Beschäftigung mit gesellschaftskritischen Themen stand Leonie Ossowski (1925–2019).
Seit den 1950er Jahren als Schriftstellerin aktiv, engagierte sich Ossowski in den 1970er

---

[24] Waltraud Fest: Wie zwei Kinder die Emigration erlebten. Judith Kerr bescherte besinnliche Stunde, in: Westdeutsche Allgemeine Zeitung vom 21.11.1977, Lokalteil.

Paul Maar bei seiner Lesung in der Mercator-halle (1977)

Wolfram Esser mit seinem Vater Heinrich August (am Mikrofon) und Rolf Milser in der Rheinhau-senhalle (1977)

Jahren in Mannheim als Sozialarbeiterin für jugendliche Strafgefangene und für deren Resozialisierung. 1977 hatte Ossowskis Roman „Die große Flatter" (Verlag Neues Leben, Berlin), in dem die Geschichte von zwei befreundeten Jugendlichen aus einer Armensied-lung in West-Berlin erzählt wird, für große Aufmerksamkeit gesorgt. Über ihn wurde auf der IKiBu heiß diskutiert. Die Verfilmung des Romans durch den WDR (Regie: Marianne Lüdcke) lief im Herbst 1979 im Fernsehen als Dreiteiler.

Unter den lesenden Autoren waren auch zwei aus dem damals sogenannten Ostblock eingeladen worden: Juri Korinetz (1923–1989) aus Moskau, einer der auflagenstärksten Vertreter der sowjetischen Kinderbuchliteratur, der sich auch als Übersetzer aus dem Deutschen engagierte (u.a. „Momo" und „Die unendliche Geschichte" von Michael Ende); der polnische Schriftsteller und Illustrator Andrzej Strumiłło (1927–2020) aus Warschau. In Vorbereitung auf die IKiBu leitete Jo Pestum im August 1977 eine „Schreibwerkstatt". Zwölf Jungen im Alter von 11 bis 15 Jahren verfassten „Die Duisburger Krimis. 11 kurze Geschichten". Das Gemeinschaftswerk mit 100 Seiten wurde in der Werkstatt für Behinderte in 3.000 Exemplaren gedruckt, während der IKiBu vorgestellt und die Erlöse aus dem Verkauf an die Werkstatt gespendet. Geschrieben wurde auch fleißig für die „IKiBu-Zeitung": Eine Redaktion aus Schülerinnen und Schüler der Duisburger Schulen berichtete zehn Tage lang über das Geschehen auf dem Literaturfestival.

Einige Besonderheiten der sechsten IKiBu erklären sich aus den Zeitumständen. Aufgrund der Entführung und Ermordung des Arbeitgeberpräsidenten Hans-Martin Schleyer (1915–18. Oktober 1977) weckte das Theaterstück „Oder auf etwas schießen, bis es kaputt ist" von Helmut Walbert (1937–2008), das die Theatergruppe des Duisburger Leibniz-Gymnasiums zur Eröffnung der IKiBu aufführte, erhebliche Kritik.[25] Das Stück war in drei Monaten mit fünf Oberprimanern unter der Regie ihres Lehrers Manfred Schneider einstudiert worden. Der Autor Helmut Walbert war selbst Volksschullehrer gewesen, bevor er freier Schriftsteller in München wurde. Neben zahlreichen Kinder- und Jugendbüchern hat er mehr als 40 Hörspiele für Kinder und Jugendliche geschrieben, die der Süddeutsche und der Bayerische Rundfunk ausstrahlten. Eine Theaterwerkstatt mit anschließender Aufführung zum Thema „Anarchismus" musste aufgrund der Intervention eines Stadtrats sogar ganz vom Programm abgesetzt werden. Stattdessen durften die beteiligten Schülerinnen und Schüler mit dem Direktor ihrer Schule, mit Vertretern der Stadtbibliothek, Verlegern und dem Schriftsteller Hans-Christian Kirsch darüber diskutieren, „ob man zum heutigen Zeitpunkt ein solches Stück spielen kann".[26]

Reichhaltig und vielfältig war wieder das Theater- und Musikprogramm, an dem sich neben Stammgast Mister Knister erstmals auch der 1949 in Duisburg geborene, inzwischen weltbekannte Gitarrenlehrer Peter Bursch beteiligte.[27] In der gerade eröffneten Rheinhausenhalle konnte man – moderiert von Wolfram Esser (1934–1993) vom ZDF-Sportstudio und begleitet von seinem Vater Heinrich August, Autor des Jugendbuchs „Mittelstürmer Mucki Mohr" – einigen der damaligen Größen der deutschen Sportwelt begegnen: den Tischtennis-Assen Agnes Simon und Ursula Hirschmüller, dem Gewichtheber Rolf Milser, den Fußballstars Bernard Dietz und Ronald/Ronnie Worm vom MSV-Duisburg. Auch die Abschlussveranstaltung fand an einem Sonntag in der Rheinhausenhalle statt. Bei dieser

---

[25] Heute Premiere auf der IKiBu: Initiator rechnet mit Proteststurm, in: Westdeutsche Allgemeine Zeitung vom 18.11.1977, Lokalteil Duisburg.

[26] Nur Diskussion, in: Börsenblatt für den deutschen Buchhandel vom 11.11.1977.

[27] „Wer nicht mitsingt, ist feige". IKiBu-Gitarrist plant mit Kindern feste Musik-Gruppe. Zu Peter Bursch wollen alle ihre Instrumente mitbringen, in: Westdeutsche Allgemeine Zeitung vom 21.11.1977.

Gelegenheit wurden die Preise für den Wettbewerb „Lasst die Puppen tanzen" von Ober-bürgermeister Josef Krings verliehen. Der Wettbewerb war im Vorfeld der IKiBu ausge-schrieben worden und sollte Kinder zum Bau von Puppen und Marionetten nach der eigenen Fantasie animieren.[28]

Mit den 280 Veranstaltungen im gesamten Stadtgebiet und mehr als 200.000 Besuchern, die zum Teil mit Bussen aus so entfernten Orten wie Aachen, Bielefeld, Bocholt, Ravens-burg oder Trier angereist waren, wurden Spitzenwerte erreicht.[29]

Der Beginn der Einschränkungen ab 1979

Mit einer bundesweit beachteten Haushaltssperre machte der Kämmerer und Stadtdirektor Wolfram Dumas im August 1977 auf die Haushaltsprobleme der Stadt Duisburg aufmerk-sam. Sie hatte seit den 1950er Jahren hervorragend von der Kohle- und Stahlindustrie gelebt, die aber jetzt in eine schwere Krise geraten waren. Die dadurch drastisch sinkenden Gewerbesteuereinnahmen hatten für ein erhebliches Defizit in den kommunalen Finanzen gesorgt. Die angespannte Haushaltslage der Stadt bedrohte bereits die IKiBu des Jahres 1977, die nur aufgrund der bereits abgeschlossenen Verträge mit der Zustimmung des Rates gegen das Votum der Verwaltungsspitze der Stadt durchgeführt werden konnte. In der Folge konnte das Literaturfestival jedoch nur noch alle zwei Jahre stattfinden. So gab es 1978 erstmals keine IKiBu, aber dafür wenigstens eine Buchpremiere der besonderen Art für Kinder und Erwachsene. Noch vor dem eigentlichen Erscheinungstermin las Michael Ende (1929–1995), der seit den frühen 1960er Jahren zu einem der erfolgreichsten Auto-ren der deutschen Kinder- und Jugendliteratur avanciert war, aus seinem Roman „Die unendliche Geschichte". Er sollte 1979 im Stuttgarter Thienemann Verlag mit den Illustra-tionen der 1949 in Zürich geborenen Grafikerin Roswitha Quadflieg erscheinen und wurde seitdem zu einem Weltbestseller. Die Lesung in der Stadtbibliothek Duisburg war eine Aus-zeichnung der herausragenden Arbeit von Imma Wick auf dem Gebiet der Vermittlung von Kinder- und Jugendliteratur, für die vor allem, aber nicht allein die IKiBu stand.

Dass die IKiBu inzwischen weit über die Stadtgrenzen hinausstrahlte, lässt sich auch an der 30. Frankfurter Buchmesse im Herbst 1978 erkennen. Das weltweit größte Branchen-meeting setzte nicht nur erstmals den Schwerpunkt „Kind und Buch" und erkannte damit öffentlichkeitswirksam die Bedeutung der Literatur und des Lesens für nachwachsende Generationen an. Die Messeleitung mit Peter Weidhaas als Direktor übernahm eine „Modell-Mediothek" nach dem Vorbild der Stadtbibliothek Duisburg als Kulisse für das Kinderprogramm.[30] In der Halle 8 gab es Schreibwerkstätten für Kinder, moderiert von

---

[28] OB Krings ließ die Siegerpuppen tanzen, in: Rheinische Post vom 29.11.1977, Lokalteil.

[29] Waltraut Fest: Schulbusse kamen bis aus Aachen und Trier. Die beste IKiBu ging zu Ende, in: Westdeutsche Allgemeine Zeitung vom 28.11.1977, Lokalteil.

[30] Hierzu und zum Folgenden der Bericht „IKiBu lieferte für Frankfurter Buchmesse das Vorbild", in: Westdeutsche Allgemeine Zeitung Nr. 245 vom 21.10.1978, Lokalteil, und Nach Duisburger Muster, in: Rheinische Post vom 21.10.1978, Lokalteil, sowie das Schreiben von Messe-Direktor Peter Weidhaas an die Duisburger Bibliothekarin Imma Wick vom 22.8.1978, Archiv Imma Wick.

Mister Knister, und ein international besetztes Seminar zur bibliothekarischen Versorgung von Kindern aus Migrantenfamilien in Deutschland. Auch die schon traditionelle „IKiBu-Zeitung" wurde kopiert. „F.B.I. Frankfurter-Buchmessen-Info" war eine von Schülerinnen und Schülern der Klasse 10d der Ernst-Reuter-Schule I gestaltete „Messezeitung", die vom 18. bis zum 23. Oktober täglich über Themen, Veranstaltungen und Menschen berichtete – informativ, pointiert, kritisch und humorvoll.

1979, im „Jahr des Kindes", übernahm erstmals Johannes Rau (1931–2006) als Ministerpräsident des Landes NRW die Schirmherrschaft über die IKiBu. Das Motto „Jeder gehört dazu!" sprach sowohl Kinder aller sozialen Schichten in Duisburg als auch die Kinder aus den benachteiligten Ländern aller Erdteile an. Dabei sollte die IKiBu, wie es in einem Beitrag für das „Duisburger Journal" hieß, „Bücher nicht als die fast geheiligten Behältnisse gesicherter Erkenntnis" vorführen, sondern sie „erlebbar" machen „als Ausgangspunkte für eigene Erfahrung, als Handwerkszeug der Phantasie, als ein Medium, das seine Ergänzung in den anderen Verständigungsmedien vom Bild bis hin zum Rollenspiel braucht. Erst aus dem Zusammenspiel und der Verflechtung entsteht die Anregung zur eigenen Aktivität und Kreativität".[31] Dieses Ziel belegte auch ein Gestaltungswettbewerb, der im Vorfeld der IKiBu in Kooperation mit dem „Spielkorb" (Kinderkultur im Theater der Stadt Duisburg) organisiert worden war. Kinder konnten zum Thema „Wir leben in Duisburg" aufschreiben, wie sie sich ein ideales Wohnen und Leben in ihrer Heimatstadt vorstellten. Die Ergebnisse wurden im Rahmen der IKiBu der Öffentlichkeit und vor allem den Ratsmitgliedern vorgestellt – als konkrete Anregungen für eine kindgerechte Politik in Duisburg.
Insgesamt konnten mit finanzieller Unterstützung des Sekretariats für gemeinsame Kulturarbeit NRW (Wuppertal) vom 16. bis zum 25. November 170 Veranstaltungen in der Mercatorhalle und weitere rund 100 Veranstaltungen im gesamten Stadtgebiet mit 20 Autorinnen und Autoren, zwölf Puppentheatern und Aktionsgruppen, zehn Werkstätten angeboten werden. Die sogenannte Dritte Welt bildete einen der Schwerpunkte des Programms. Ausstellungen, Autorenlesungen, Informationsgespräche mit Entwicklungshelfern und Gästen aus den angesprochenen Ländern sowie das Filmprogramm widmeten sich dem Leitthema. Die von der Stadtbibliothek herausgegebenen Auswahlverzeichnisse stellten Bücher zu den Themen „Fremdes Kind – Fremdes Land. Ausländische Kinder im Kinderbuch" und „Kind sein ist süß – Kind sein ist mies. Zur Situation der Kinder" vor. Darüber hinaus kam der internationale Charakter der IKiBu in Beiträgen aus acht sozialistischen Ländern zum Ausdruck, die mit Büchern, Grafiken, Fotos und Filmen vertreten waren. Die Buchausstellung umfasste rund 2.000 Kinder- und Jugendbücher aus den Jahren 1977 bis 1979.[32] In der Zentralbibliothek wurden Erwachsenen „Bilder von Kindern" gezeigt –

---

[31] „Jeder gehört dazu": IKiBu '79. 7. Internationale Kinder- und Jugendbuch-Ausstellung im Jahr des Kindes, Beitrag für das „Duisburger Journal" vom November 1979, in: Aktenordner IKiBu 1979–1983 im Archiv Stadtbibliothek Duisburg.

[32] Martha Höhl: Auswahlverzeichnis der Stadtbibliothek Duisburg. Literaturwegweiser zum Thema Kind soll „Jahr des Kindes" verlängern, in: Buchreport Nr. 2 vom 11.1.1980.

44

Links:
Utta Wickert bei
der Lesung aus
ihrem Jugend-
roman „Immer
im Januar"
(1979)

Rechts:
Mister Knister
in Aktion

ein Rundgang durch die Geschichte vom 18. Jahrhundert bis in die Gegenwart. In der Bezirksbibliothek Rheinhausen waren beeindruckende „Kinderbilder aus aller Welt" zu sehen, die der Schweizer Fotograf Gerhard Schneider in Asien, Afrika, Mittel- und Südamerika aufgenommen hatte.

An namhaften deutschen Autoren und Illustratoren wirkte neben Paul Maar, der sein neues Kinderbuch „Onkel Florians fliegender Flohmarkt" vorstellte, auch wieder Hans-Georg Noack mit. Dessen kritische Auseinandersetzung mit dem Rassismus und der sozialen Benachteiligung von Millionen Menschen auf der Welt passten hervorragend zum Themenschwerpunkt. Zu seinem Anliegen schrieb der Schriftsteller: „Ein Buch kann nicht gut sein, wenn der jugendliche Leser nach der Lektüre nicht ein wenig klüger, ein wenig besser oder ein wenig nachdenklicher geworden ist."[33] Utta Wickert, 1941 in Magdeburg geboren und in Frankfurt am Main aufgewachsen, lebte seit 1973 in Indonesien, wo sie eine Kinderzeitung gründete und Bühnenbilder für Theateraufführungen gestaltete. Für ihren ersten, in Indonesien spielenden Jugendroman „Im Jahr der Schlange. Tizars Geschichte" (Beltz & Gelberg 1977), wurde sie mit dem Deutschen Jugendbuchpreis ausgezeichnet. Auf der IKiBu las sie aus der Fortsetzung „Immer im Januar. Saras Geschichte" (Beltz & Gelberg 1979). Richard Friedrich, der damals als Journalist für die UNO in Genf arbeitete und Dokumentarfilme über Südamerika, Afrika und Asien gedreht hatte, berichtete aufgrund seiner reichhaltigen Erfahrungen anschaulich und lebendig über „Das große Buch der Dritten Welt. Schlüssel zum Verstehen der Weltprobleme" (Ensslin & Laiblin Verlag, Reutlingen 1978). Hans-Joachim Gelberg stellte die fünfte Ausgabe seines Jahrbuchs vor, das den passenden Titel „Das 8. Weltwunder" trug.

---

[33] Autoren erinnern sich, S. 125.

Erstmals zur IKiBu nach Duisburg kam der international bekannte Illustrator Jörg Müller. Der 1942 in Lausanne geborene Schweizer, der nach seinem Studium ab 1964 als Werbegrafiker in Paris arbeitete, hatte 1970 zusammen mit dem Maler Bendicht Fivian (1940–2019) aus Zürich die Idee zu einer Bilderfolge mit dem „Presslufthammer" als Zeichen der Zeit entwickelt, die dann ab 1972 entstand. 1974 war Müller für sein Bilderbuch „Alle Jahre wieder saust der Presslufthammer nieder oder Die Veränderung der Landschaft" (Verlag Sauerländer 1973) mit dem Deutschen Jugendbuchpreis ausgezeichnet worden. 1976 folgte „Hier fällt ein Haus, dort steht ein Kran und ewig droht der Baggerzahn oder Die Veränderung der Stadt". Müller faszinierte die Kinder und Jugendlichen nicht nur mit seinen Zeichenkünsten, sondern auch mit seinen fantasiereichen Geschichten, die er wunderbar erzählen konnte. Auch Helme Heine kam zum ersten Mal nach Duisburg: mit einem politisch-literarischen Kabarett zum Thema „Teenager sind auch Menschen". Der 1941 in Berlin geborene Schauspieler, Kabarettist, Bühnenbildner und Regisseur hatte seit „Das Elefanteneinmaleins" im Jahr 1976 zahlreiche Kinderbücher geschrieben und illustriert. Nach eigenen Angaben aus dem September 1985 verfasste Helme Heine deshalb so gerne eigene Bücher, „weil ich es nicht ausstehen kann, jeden Morgen ins Büro zu gehen, wo mir jemand sagt, was ich zu tun oder zu lassen habe."[34] Kinder hielt er für eine dankbare Zielgruppe: Denn sie „lesen Bücher, nicht Buchbesprechungen, […] glauben noch an Gott, an die Familie, an Engel, Teufel, Hexen, Gnome, Logik, Klarheit, Satzzeichen und andere so antiquierte Sachen. […] Kinder lieben atemberaubende Geschichten, keine Kommentare, Lebenshilfen oder Fußnoten".

---

[34] Autoren erinnern sich, S. 67. Die folgenden Zitate ebd.

Aus den Niederlanden eingeladen war Guus Kuijer. Der 1942 in Amsterdam geborene Schriftsteller hatte von 1966 bis 1973 als Volksschullehrer gearbeitet, bevor er freier Schriftsteller werden konnte. Für sein erstes Kinderbuch „Ich stelle mich auf ein Rahmbonbon" war er mit dem niederländischen Jugendbuchpreis ausgezeichnet worden. Aus der Fortsetzung „Vernagelte Fenster, da wohnen Gespenster" las er auf der IKiBu. Der aus der Türkei stammende und seit 1979 in Duisburg lebende Fakir Baykurt (1929–1999) bereicherte das Programm mit seinen realistischen und folkloristischen Lebensgeschichten der Menschen aus anatolischen Dörfern. Die Geschichten wurden von ihm nicht nur einfach vorgelesen, sondern lebendig vorgetragen und begeisterten die Kinder, von denen viele in türkischen Gastarbeiter- oder Migrantenfamilien aufwuchsen. Der Schriftsteller Jurij Brězan (1916–2006), der in Bautzen (damalige DDR) lebte und dort die Tradition des Obersorbisch als gesprochene ebenso wie als geschriebene Sprache pflegte, stellte seinen neuen Erzählband „Die Rattenschlacht" (Domowina Verlag, Bautzen 1977) vor.

Jürg Schubiger (1936–2014) kam mit seinem ersten Kinderbuch nach Duisburg: „Dieser Hund heißt Himmel" (Beltz & Gelberg 1979), Tag- und Nachtgeschichten. Der Schweizer Psychologe und Schriftsteller schrieb seine Kinderbücher „vor allem für das Kind, das ich selber immer noch bin, für den kleinen Jungen, der sein Maul nicht halten will".[35]

Mit dem Illustrator, Fotografen und Bilderbuchautor Jürgen Spohn (1934–1992), der durch seine Bücher „Eledil und Krokofant" (S. Mohn Verlag 1967) und „Der Papperlapapp-Apparat" (Annette Betz Verlag 1978) bekannt geworden war, konnten sich Kinder und Jugendliche in einer Wortewerkstatt Für- und Widerlieder, Schlichtheitsgedichte und Merkverse ausdenken

---

[35] „Ich schreibe für das Kind in mir", in: Westdeutsche Allgemeine Zeitung vom 22.11.1979, Lokalteil.

und aufschreiben. Der 1938 geborene Jürgen Serke, von 1970 bis 1983 Autor des Wochenmagazins „STERN", stellte sein Buch „Die verbrannten Dichter" vor. Es war 1977 im Verlag Beltz & Gelberg erschienen und erinnerte erstmals an die Schriftstellerinnen und Schriftsteller, deren Bücher im Mai 1933 von den Nationalsozialisten in Deutschland verbrannt worden waren. Darin aufgenommen waren auch Interviews mit noch lebenden Zeitzeugen. Die Niederrheinische Musikschule produzierte zu ihrem Programm „Komm sing mit", das während der gesamten IKiBu lief, eine Schallplatte. Die beteiligten Kinder waren auf der Plattenhülle abgebildet. Ab Dezember 1979 konnte die Schallplatte erworben werden.

Die 1942 geborene Buchhändlerin und Autorin Barbara Scharioth, die von 1992 bis 2007 die Internationale Jugendbibliothek in München leitete, schrieb damals im „Börsenblatt für den deutschen Buchhandel" über die IKiBu in Duisburg: „Ein Tag IKiBu. Das heißt Aktivitäten jeglicher Art, heißt Einbeziehen aller Besucher. Wer passiv bleiben möchte, hat seine Mühe damit. Denn hier in der Duisburger Mercatorhalle wurde kein Programm angeboten, das man an- und ausschalten kann wie den Fernsehapparat. […] Natürlich ist die Stadtbibliothek federführender Organisator, doch wird aus der Buchausstellung durch die vielen parallel laufenden Aktivitäten eine Art Büchervolksfest, wie es andernorts fast undenkbar wäre. […] In der Mercatorhalle hat man es wirklich geschafft, ein weit offenstehendes Tor für alle Bevölkerungsschichten anzubieten. […] Natürlich muss eine solche offene Konzeption auf Kritik stoßen, gelegentlich sogar von Seiten der unmittelbar Betroffenen, der Autoren wie Akteure. Eine konzentrierte Stille ist in der Mercatorhalle kaum zu erzeugen! Doch scheinen den Duisburger Veranstaltern gelegentliche Turbulenzen lieber zu sein als museale Stille. Und wer in Duisburg, dem Zentrum der deutschen Eisen- und Stahlindustrie, mit einem hohen Arbeiteranteil an der Bevölkerung und rund zehn Prozent türkischen Mitbürgern, glaubt, nur für ‚Bürgerkinder' Kulturarbeit alten Stils pflegen zu können, der sollte sich lieber ein anderes Betätigungsfeld suchen."[36]

„Ketzerisch" dagegen kommentierte die „Westdeutsche Allgemeine Zeitung" das zehntägige Spektakel rund um die Kinder- und Jugendliteratur als „Konsum-Zirkus". Er orientiere sich wohl weniger an den Bedürfnissen der Kinder „als vielmehr an seinem Marktwert für die städtischen Image-Pfleger und Kulturschaffenden. Duisburg in allen Medien als Nabel der Kinder-Kulturwelt – dieses Ziel ist offensichtlich erreicht worden. Und solch phantastische Positiv-Werbung lässt sich mit unspektakulärer, kontinuierlicher Arbeit – regelmäßigen Theater- und Vorlesenachmittagen, über das Jahr verteilt – eben nicht erzielen".[37]

1981 war die IKiBu bereits zu einer festen Tradition des kulturellen Lebens in Duisburg geworden, auch wenn das Programm in der Mercatorhalle um drei Tage gekürzt werden musste (19. bis 25. November). Mit insgesamt 230 Veranstaltungen war es aber immer noch beachtlich und sprach mit Autorenlesungen, Puppen-, Theater- und Rollenspielen,

---

[36] Siebte Internationale Kinder- und Jugendbuchausstellung Duisburg. 200.000 gehörten dazu, in: Börsenblatt Nr. 97 vom 4.12.1979, S. 392–393.

[37] Was fehlt, ist die Ruhe zum Denken und Mitträumen. IKiBu als „Konsum-Zirkus": Der Stress packt die Kleinen, in: Westdeutsche Allgemeine Zeitung vom 23.11.1979, Lokalteil.

Konzerten, Text-, Film-, Mal- und Bastelwerkstätten zahlreiche Besucherinnen und Besucher aus Duisburg ebenso wie aus der nahen und ferneren Umgebung an. Unter dem wiederverwendeten Motto „Jeder gehört dazu" wurde im internationalen „Jahr der Behinderten" eine Ausstellung zum Thema „Behinderte in der Kinder- und Jugendliteratur" gezeigt. Aufgrund des 30-jährigen Bestehens der Städtepartnerschaft mit Portsmouth lag der internationale Schwerpunkt diesmal auf der Kinder- und Jugendliteratur aus Großbritannien, die in einer Auswahl von 400 Büchern präsentiert wurde.

Das Literaturprogramm umfasste Lesungen mit 19 Autorinnen und Autoren. Zu den prominenten Gästen gehörte wieder Peter Härtling. Der ehemalige Journalist und Cheflektor des S. Fischer Verlags (1968–1973) war als freier Schriftsteller erfolgreich und hatte 1970 mit „Und das ist die ganze Familie" im Georg Bitter Verlag sein erstes Kinderbuch veröffentlicht. Auf der IKiBu las er aus dem gerade erschienenen Kinderroman „Alter John" (Beltz & Gelberg 1981). Erneut zu Gast war auch Willi Fährmann mit einer Lesung aus seinem Buch „Der lange Weg des Lukas B." (Arena Verlag 1980), für das er 1981 mit dem Deutschen Jugendliteraturpreis ausgezeichnet worden war. Achim Bröger las aus seiner neuen Geschichte „So ein irrer Nachmittag" sowie aus dem von ihm mitverfassten „Meyers großes Kinderlexikon". Irina Korschunow (1925–2013), die seit 1958 sowohl für Kinder und Jugendliche als auch für Erwachsene schrieb, las aus ihren neuen Kinder- und Jugendbüchern: „Deshalb heiße ich Starker Bär" (Ravensburger Verlag 1981) und „Ein Anruf von Sebastian" (Benziger Verlag 1981).

Hansjörg Martin (1920–1999) aus Hamburg, der vor allem als Krimiautor bekannt wurde, aber auch als Kinder- und Jugendbuchautor Erfolg hatte, diskutierte über seinen Roman „Der Verweigerer" (Rowohlt Verlag/rororo rotfuchs 1980), der Geschichte eines Kriegsdienstverweigerers. Rolf Krenzer (1936–2007), der in seinem Leben 250 Bücher und rund 2.000 Liedtexte für Kinder geschrieben hat, las und sang auch für die Kinder auf der IKiBu. Hans-Joachim Gelberg stellte das von ihm herausgegebene 6. Jahrbuch der Kinderliteratur mit dem Titel „Wie man Berge versetzt" und sein neues Kinderliteraturmagazin „Der bunte Hund" vor. Jo Pestum sprach über aktuelle Bücher seiner Reihe „Neue Texte für junge Leute". Aus der DDR kam Fred Rodrian (1926–1985) nach Duisburg. Er war seit 1952 beim Kinderbuchverlag Berlin tätig: zuerst als Lektor, ab 1955 als Cheflektor und seit 1974 als Verlagsleiter. Darüber hinaus veröffentlichte Rodrian seit 1958 eigene Kinder- und Jugendbücher. In Duisburg las er bislang noch unveröffentlichte Geschichten und Gedichte. Der 1942 geborene Fredrik Vahle hatte während seines Studiums Kinderlieder für sich entdeckt und deren besondere Sprache in seiner Habilitationsschrift untersucht. Nach Reisen durch Griechenland, Spanien, Kuba und Mexiko, wo er die Geschichten, Reime und Lieder der einheimischen Bevölkerung sammelte, widmete sich Vahle seit 1980 dann ganz dem Schreiben von Büchern und Komponieren von Liedern für Kinder. Auf der IKiBu erfand er gemeinsam mit den Kindern Lieder zu seinen Geschichten. Paul Maar und Mister Knister führten im Studio M vor geistig behinderten Kindern ihr Theaterstück „Spielhaus" auf. Schülerinnen und Schüler konnten sich im Rahmen eines medienkritischen Projekts in experimenteller Weise mit Super-8-Filmen, Zeichentrickfilmen, Videos und Fernsehen beschäftigen. Die von Duisburger Schülerinnen und Schülern sowie Auszubildenden gestaltete

Mister Knister zusammen mit der Duisburger Bürgermeisterin und Bundestagsabgeordneten Irmgard Karwatzki bei der Eröffnung der IKiBu am 19. November 1981

„IKiBu-Zeitung" berichtete in vier Ausgaben über das Programm: informativ, witzig und mit originellen Cartoons. Zu lesen war u.a. ein Interview mit Paul Maar, der Auskunft über seine Familie, seine Vorlieben und natürlich seine zahlreichen Bücher gab, die er seit 1968 geschrieben hatte. Der Kinderfunk des WDR wirkte während der gesamten IKiBu mit einem eigenen Studio mit und „Rotlicht" sendete täglich live aus der Mercatorhalle. In Zusammenarbeit mit einem Redakteur des WDR entstand auch ein Hörspiel, das am Schlusstag der IKiBu ausgestrahlt wurde.

Feststellbar war, dass die IKiBu als Magnet nicht nur für Kinder und Jugendliche, Schülerinnen und Schüler, Lehrerinnen und Lehrer, sondern auch für Eltern und Großeltern wirkte, die sich bislang noch überhaupt nicht mit der hier vorgestellten Vielfalt an Kultur für Kinder und Jugendliche beschäftigt hatten. Bei einer Vielzahl von Veranstaltungen hieß es leider: „Wegen Überfüllung kein Einlass mehr."

Trotz des riesigen Erfolgs kündigte der damalige Kulturbeigeordnete der Stadt Duisburg Dr. Konrad Schilling (1927–2018) an, dass es 1982 zu Kürzungen im Etat der IKiBu (rund 200.000 DM, davon 160.000 DM aus dem Etat der Stadt und 40.000 DM vom Land NRW) kommen müsse. Zeitweise drohte sogar die vollständige Streichung des Festivals. Die Gründe lagen keineswegs allein in der Haushaltsmisere der Stadt Duisburg, sondern auch in den Begehrlichkeiten Schillings, die Gelder aus dem IKiBu-Etat zugunsten „seiner" Duisburger Akzente abzuzweigen.[38]

---

[38] So Jörg-Philipp Thomsa: Duisburg 1945–2005. Kulturpolitik in einer Industrie- und Arbeiterstadt, Essen 2019, S. 105.

1983 fand die IKiBu dann zwar wieder statt. Aber aus Kostengründen konnte ab jetzt die große Mercatorhalle nicht mehr angemietet werden. Das deutlich reduzierte Programm lief vom 21. bis zum 27. November in der Zentralbibliothek, in allen Bezirksbibliotheken, in den Stadtteil- und Schulbibliotheken, im Filmforum, das seit 1980 in einem eigenen Gebäude am Dellplatz residierte, sowie in zwei der in den Stadtteilen neu eingerichteten Kultur- und Freizeitzentren. Gegen die zunehmende Fernsehsucht und das passive Konsumieren von Kindern und Jugendlichen setzte die IKiBu bewusst den Akzent weiterhin auf aktive Mitwirkung. In der Zentralbibliothek startete die IKiBu mit der Ausstellung „Lothar Meggendorfer, bewegte Bilderbücher". Der zu seinen Lebzeiten populäre Kinderbuchautor, Maler, Zeichner und Illustrator, 1847 in München geboren und dort 1925 verstorben, war bereits völlig in Vergessenheit geraten, bis es 1978 eine überraschende Wiederentdeckung gab.[39] Der J.F. Schreiber Verlag aus Esslingen druckte aus seinem Archivbestand ein „Aufstellbilderbuch" von Meggendorfer als Reprint und erzielte damit einen unerwarteten Publikumserfolg. Für die Ausstellung in Duisburg stellte der Verlag eine Auswahl der vom Künstler eigenhändig gestalteten mechanischen Zieh- und Verwandlungsbilderbücher zur Verfügung. An diese Tradition knüpfte der in Duisburg geborene, in München lebende Maler und Grafiker Wilfried Blecher an, der mit seinen Verwandlungsbilderbüchern, darunter sein Durcheinanderbilderbuch „Kunterbunter Schabernack", auf der IKiBu vertreten war.

Klaus Ensikat, 1937 in Berlin geboren, war in der DDR zu einem der international angesehensten Grafiker und Illustratoren von Kinderbüchern avanciert. In Duisburg erzählte und malte er für die Kinder seine 1982 veröffentlichte Ballade „Jules die Ratte oder Selberlernen macht schlau". Auch der sorbische Schriftsteller Jurij Brězan war wieder aus der DDR nach Duisburg gekommen, um aus seinen beliebten Kinder- und Jugendbüchern zu lesen. Brězan beteiligte sich besonders gerne an der IKiBu, denn: „So viel fröhlicher Kinderlärm und so viel schönes Miteinander-Reden hat ein Schreiber nicht alle Tage."[40] Peter Härtling las seine gerade bei Beltz & Gelberg veröffentlichte Geschichte „Jakob hinter der blauen Tür". Miep Diekmann (1925–2015) stellte ihr Buch „Ich habe keinen Namen" vor. Es ist die Geschichte einer tschechischen Überlebenden des Konzentrationslagers Theresienstadt, die von der niederländischen Schriftstellerin nacherzählt wurde. Erst 2010 kam heraus, dass das Buch im Wesentlichen aus dem Tagebuch der Prager Dichterin und Holocaust-Überlebenden Dagmar Hilarová (1928–1996) bestand, es sich bei diesem Buch der niederländischen Schriftstellerin also um einen literarischen Diebstahl handelte.

Unter den eingeladenen 20 Autorinnen und Autoren waren erstmals Nikolaus Heidelbach, Mirjam Pressler und Jürgen Lodemann. Der 1955 geborene Heidelbach hatte 1982 bei Beltz & Gelberg sein erstes Kinderbilderbuch veröffentlicht: „Das Elefantentreffen oder Fünf dicke Angeber" – der Beginn einer großen Karriere als Illustrator und Autor von Kin-

---

[39] S. dazu im Einzelnen Helmut Herbst: Die Illustrationen der „Meggendorfer Blätter", in: Oberbayrisches Archiv Nr. 106 (1982), S. 7–228.

[40] Autoren erinnern sich, S. 29.

Jurij Brězan bei seiner Lesung
in der Zentralbibliothek (1983)

der- und Märchenbüchern. Pressler (1940–2019), die durch ihre drei Kinder die neuere deutsche Kinderliteratur kennenlernte, hatte in den Jahren 1980 bis 1982 sechs eigene Romane für Jugendliche geschrieben: „Bitterschokolade", von dem mehr als 400.000 Exemplare verkauft wurden und für das die Autorin den angesehenen Oldenburger Jugendliteraturpreis erhielt, „Stolperschritte", „Kratzer im Lack", „Zeit am Stiel", „Nun red doch endlich" und „Novemberkatzen". In späteren Jahren war Mirjam Pressler nicht nur als Schriftstellerin mit ihren Büchern für Kinder und Jugendliche, sondern auch für Erwachsene und mit ihren Übersetzungen aus dem Hebräischen (Amos Oz, Zeruya Shalev), Englischen und Niederländischen erfolgreich.

Auch der Journalist und Schriftsteller Jürgen Lodemann, 1936 in Essen geboren und seit 1972 vor allem bekannt geworden durch seine Literatursendungen im SWF-Fernsehen, hatte durch seine beiden Söhne das Schreiben für Kinder und Jugendliche für sich entdeckt. 1979 war sein Kinderroman „Der Gemüsekrieg" im K. Thienemanns Verlag (Stuttgart) erschienen. 1983 folgte „Der Jahrtausendflug. Reisebericht vom Mars" (Thienemanns Verlag), der im Jahr 2007 spielt. Was damals noch nach Science-Fiction aussah, ist inzwischen Wirklichkeit geworden. Klar, dass nach den Mondlandungen der Jahre 1969 bis 1972 dieses neue Weltraumabenteuer die Jugendlichen auf der IKiBu faszinierte. Dass er Kindern „am liebsten" vorlese, begründete Lodemann 1985 damit, dass „sie am genauesten aufpassen. Warum? Sie haben nicht, wie die meisten Großen, fertige Schubläden im Hirn mit lauter patenten Vor- und Schnell-Urteilen".[41] Zum Fotoshooting mit „Herr von ‚WAZ'", dem Fotografen der Westdeutschen Allgemeinen Zeitung, in der legendären „Lese-Kuhle" der Zentralbibliothek an der Düsseldorfer Straße merkte der Journalist ironisch an: „Dann könnt Ihr morgen am Frühstückstisch mal genau vergleichen, wie uns nicht nur das Fernsehen, sondern auch die Zeitung immer gern an der Nase herumführt." Unter dem Titel „In der Stadt leben" gab die Stadtbibliothek ein Auswahlverzeichnis zu aktuellen Kinder- und Jugendbüchern heraus. Damit verbunden war ein Wettbewerb, zu dem Kinder eigene Geschichten mit dem Titel „Ich lebe in Duisburg" einreichen konnten. Der Jugendfilm „Aus der Ferne sehe ich dieses Land" aus dem Jahr 1977/78 (Regie Christian Ziewer nach einem gemeinsamen Drehbuch mit Antonio Skármeta), der das Leben des 16-jährigen Lucho aus Chile in seiner neuen Heimat Deutschland zeigte, wurde von den jugendlichen Zuschauern im Rahmen einer Schattentheater- und einer Theaterspiel-Werkstatt aufgearbeitet. Der aus Ungarn stammende, seit 1976 in Rheinhausen lebende Künstler Sándor Szombati (1951–2006), der für seine Klangskulpturen und kinetischen Objekte bekannt war, baute mit den Jugendlichen ein Monochord. Daneben gab es Werkstätten für Texte, Buchgestaltung und Buchdruck, Marionetten, Masken, Puppenspiele, Töpfern und Siebdruck. Für das internationale Flair sorgten Kinderbücher aus den Niederlanden und das Pekinger Schattenspielensemble. Den türkischen Kindern widmete sich neben Fakir Baykurt auch Oguz Peker mit seinen Karikaturen und Geschichten.

---

[41] Autoren erinnern sich, S. 109. Das folgende Zitat ebd.

Den Länderschwerpunkt der zehnten IKiBu vom 25. November bis zum 1. Dezember 1985 bildete Litauen. Mit dessen Hauptstadt Vilnius war Duisburg gerade eine Städtepartnerschaft eingegangen. Aus den Beständen der Internationalen Jugendbibliothek in München waren rund 300 Kinder- und Jugendbücher aus litauischen Staatsverlagen, 80 Original-Illustrationen aus litauischen Kinderbüchern sowie zwei Fotoserien von Antanas Sutkus und Vaclovas Straukas zu „Menschen in Litauen" und „Litauen aus der Vogelperspektive" zu sehen. Daneben wurde in der Zentralbibliothek und in der Galerie der Bezirksbibliothek Rheinhausen eine repräsentative Auswahl von Buchillustrationen von drei renommierten Grafikern der DDR gezeigt: von Klaus Ensikat, Werner Klemke (1917–1994) aus Ost-Berlin und Egbert Herfurth (*1944) aus Leipzig. Christine Nöstlinger las im Europa-Kino noch einmal aus ihren aktuellen Kinder- und Jugendbüchern, die inzwischen in 70 Fremdsprachen übersetzt worden waren und für die sie 1984 mit der renommierten Hans-Christian-Andersen-Medaille ausgezeichnet worden war. Weitere Lesungen fanden statt mit Hans-Christian Kirsch („Der Tanz der gefiederten Schlange". Nordamerikanische Märchen); Irina Korschunow mit „Kleiner Pelz", einer Geschichte vom Wegfliegen und wieder Nachhausekommen; Gudrun Mebs (Jugendliteraturpreisträgerin des Jahres 1984 für „Das Sonntagskind") mit „Meistens geht's mir gut mit Dir"; Hans-Georg Noack mit „Rolltreppe abwärts"; Jo Pestum mit dem Krimi „Nur große Fische" und mit seinem Drehbuch „Schimmi", einem Film aus dem Ruhrgebiet, nach seinem Jugendroman „Auf einem weißen Pferd nach Süden"; Mirjam Pressler mit ihrem neuen Kinderbuch „Riesenkuss und Riesenglück" und ihrem Jugendbuch „Nun red' doch endlich"; Margret und Rolf Rettich; Tilman Röhrig mit seinem historischen Jugendroman zum Dreißigjährigen Krieg „In dreihundert Jahren vielleicht" (ausgezeichnet mit dem Jugendliteraturpreis 1984); mit der 1943 in Venlo geborenen niederländischen Bibliothekarin, Journalistin, Schriftstellerin und Male-

Margarethe Schreinemakers erklärt Kindern, wie Fernsehen gemacht wird (1985)

55

Diskussion über den Schimanski-„Tatort" aus Duisburg mit Chiem van Houweninge

rin Marie-Thérès Schins mit „Jetzt reicht's aber, sagte mein Vater oder: ich habe 9 Geschwister"; dem Sachbuchautor Hans-Peter Thiel („Erklär mir die Technik"). Mit „Anne Kaffeekanne" lud Fredrik Vahle zu Liedern und Geschichten zum Singen und Mitspielen ein. Natürlich gab es auch wieder ganz viel Kinder-, Puppen- und Marionetten-Theater, Clownereien und Bastelwerkstätten. Das Europa-Kino und das Filmforum zeigten eine Auswahl an Verfilmungen von beliebten Kinder- und Jugendbuchklassikern.

Einen besonderen Programmschwerpunkt bildete der „Medienalltag von Kindern und Jugendlichen". Es gab Veranstaltungen zum „Frauenbild in den Medien", mit dem sich Schülerinnen und Schüler der achten Klasse der Hauptschule Paul-Rücker-Straße auseinandersetzten – moderiert von Margarethe Schreinemakers. Eine „Streitzeit" widmete sich dem „Pro und Contra" zum gerade eingeführten privaten „Kabelfernsehen". „Krimi, selbst gemacht", hieß es für die Achtklässler der Hebbel-Schule, die gemeinsam ein Drehbuch schrieben, das dann verfilmt und während der IKiBu aufgeführt wurde. Eine Zukunftswerkstatt beschäftigte sich mit der Medienentwicklung in Deutschland und eine Diskussionsrunde mit dem Thema „Medienpädagogik im Streit", bei dem sich Praktiker und Wissenschaftler mit Eltern, Erziehern und Bibliothekaren über die richtigen Wege zur Medienerziehung unterhielten. Jugendliche konnten selbst Videoclips produzieren und persiflieren. Redakteure der Fernsehsendungen „Denkste" (SFB), „Direkt" (ZDF), „Streitzeit" (WDR) und „Schülerexpress" (ZDF) standen für Gespräche und Diskussionen zur Verfügung. Chiem van Houweninge (*1940), der von 1982 bis 1991 im „Tatort Duisburg" den niederländischen Kollegen Hänschen an der Seite von Götz George (1938–2016) alias Horst Schimanski spielte, unterhielt sich mit Vertretern der Duisburger Polizei und Jugendlichen aus Duisburg über das Spannungsfeld zwischen Fernsehen und Realität. Zehntklässler der Gesamtschule Süd stellten dazu ihre Kritik am „Idol Schimanski" vor.

Eröffnung der Andersen-Ausstellung mit dem tschechischen Illustrator Josef Paleček, Oberbürgermeister Josef Krings und Bibliotheks-direktor Franz Rakowski am 23. November 1987

Im Mittelpunkt der IKiBu 1987 (23. bis 29. November) stand die skandinavische Kinderliteratur. Mit der Schwedin Astrid Lindgren (1907–2002), die damals 80 Jahre alt wurde, und dem Dänen Hans Christian Andersen (1805–1875) wurden zwei herausragende Vertreter ausgewählt. Ausstellungen zeigten eine repräsentative Zusammenstellung ihrer Werke und von Originalillustrationen des 1932 geborenen tschechischen Künstlers Josef Paleček zu den Büchern von Andersen. Daneben waren Bücher aus der DDR, aus der Türkei und aus Duisburgs Partnerstadt Calais zu sehen. Das Kinder- und Jugendfilmzentrum der Bundesrepublik Deutschland steuerte eine Fotoausstellung zum Thema „Jugend der Achtziger Jahre" bei. Die mehr als 100 Fotografien stammten von Preisträgern des Deutschen Jugendfotopreises aus den Jahren 1980 bis 1984 und aus einem 1983 von der Deutschen UNESCO-Kommission organisierten Fotowettbewerb. Erstmals wurde im Rahmen der Medienpräsentation auch eine Auswahl an Computerbüchern vorgestellt.

Das Literaturprogramm gestalteten 18 Autoren aus der Bundesrepublik Deutschland, aus der DDR, aus Skandinavien und der Türkei. Der bekannte Jugendbuchautor Klaus Kordon (*1943) las aus seinem Buch „Frank guckt in die Luft": die Geschichte einer schwierigen Kindheit und Jugend im Berlin der 1950er Jahre. Auf die Frage, warum er immer wieder gerne zur IKiBu kam, hatte der in Kinder- und Jugendwohnheimen aufgewachsene Kordon 1985 geantwortet: „Erstens, weil Duisburg eine Arbeiterstadt ist und ich mich in solchen Städten am wohlsten fühle. (Das ist kein falscher Schmus). Zweitens, weil die Lesungen in Duisburg immer sehr gut vorbereitet werden, was man nicht überall erlebt und einen deshalb besonders freut. Und drittens, aber nicht zuletzt, weil es in der Innenstadt ein ganz phantastisches kleines Fischrestaurant gibt ...".[42] Neben Kordon lasen die

---

[42] Autoren erinnern sich, S. 99.

türkischen Autoren Fakir Baykurt und Ömer Polat, Jurij Brĕzan und Gerhard Holtz-Baumert
aus der DDR, Christa König, Stefan Mählqvist aus Schweden, Iben Melbye aus Dänemark,
die 1948 in Siebenbürgen (Rumänien) geborene Karin Gündisch mit ihrem Kinderbuch
„Im Land der Schokolade und Bananen" (Beltz & Gelberg 1987), die Niederländerin Marie-
Thérès Schins-Machleidt, die Griechin Eleni Torossi, Inge Meyer-Dietrich, Nina Rauprich,
Andreas Röckener, Barbara Veit. Aus dem abwechslungsreichen Theaterprogramm ragte
Friedrich Karl Waechter heraus. Er führte am Sonntagvormittag in der Zentralbibliothek
sein Stück „Kiebich und Dutz oder Allein kriegst du leicht Schiss, aber zu zweit ist das
eine herrliche Sache!" auf. Darin wurde den Kindern gezeigt, dass Freundschaft immer
siegt, und den Erwachsenen geraten, sich bei aller Faszination nicht von der Technik „auf-
fressen" zu lassen.

Während der IKiBu konnten Kinder und Jugendliche unter Anleitung eigene Hörstücke
produzieren, um sich mit „Radiomachen und Radiohören" auseinanderzusetzen. Eine Podiumsdiskussion mit Vertreterinnen und Vertretern der Jugendlichen, der Hörer, der Veran-
staltergemeinschaft für einen lokalen Rundfunk, des Fördervereins Radio Duisburg und
des Radiovereins Kakadu war dem aktuellen Thema „Lokaler Rundfunk in Duisburg und
anderswo" gewidmet. Haro Senft (1928–2016), der seit 1949 als Filmregisseur arbeitete,
1962 das berühmte „Oberhausener Manifest" für einen neuen deutschen Film mitunter-
zeichnete und seit 1970 nur noch Filme für und mit Kinder/n drehte, stellte seinen neuen
Spielfilm „Jakob hinter der Tür" nach dem Kinderbuch von Peter Härtling vor. Im Rahmen
einer medienpädagogischen Veranstaltung erhielten Eltern Informationen und Beratung
im Hinblick auf die Ausleihe von Videos, mit der damals von der Stadtbibliothek Duisburg
im Rahmen eines Modellprojekts des Landes NRW begonnen wurde. Die Duisburger Foto-
grafin Britta Lauer (*1945) bot einen Workshop „Malen mit Fotochemikalien" an, bei dem

Kinder fantasievolle „Klecksografien", Chemogramme auf Fotopapier ohne Dunkelkammer, gestalten konnten.

Zum Abschluss der IKiBu am Sonntagnachmittag hieß es in der Zentralbibliothek „Ich hab' da mal was vorbereitet" mit Jean Pütz. Der 1936 in Köln geborene Journalist und Buchautor produzierte und moderierte mit seinem Schnauzbart und einer Fliege als Markenzeichen seit 1970 für das WDR-Fernsehen beliebte Wissenschaftssendungen („Wissenschaftsshow", „Hobbythek"). Im Kinderpool der Zentralbibliothek plauderte Pütz charmant über „Hobbythek-Kosmetik", die als natürlich und nachhaltig angepriesen wurde.

Die IKiBu 1989, die vom 27. November bis zum 3. Dezember stattfand, griff das Thema der erfolgreichen, wenn auch umstrittenen Duisburger Akzente des Jahres 1987 auf: „Einblicke. Kultur und Kunst aus der Deutschen Demokratischen Republik. Erbe und Gegenwart". Als die IKiBu im Frühjahr 1989 geplant wurde, konnte niemand ahnen, dass am 9. November die Mauer spektakulär fallen würde. So wurde das Festival in Duisburg zu einer Art Abgesang und Rückblick auf das im „anderen Deutschland" Geleistete. „Kinder- und Jugendbücher der Gegenwart aus der Deutschen Demokratischen Republik", lautete der Titel der IKiBu-Buchausstellung in der Zentralbibliothek. Dazu steuerte Petra Wiegandt, 1948 in Gotha geboren und nach ihrem Grafik-Studium in Leipzig (1968–1974) in Weimar ansässig, eine Auswahl ihrer Originalillustrationen zu Bilderbüchern bei. In der Galerie der Bezirksbibliothek Rheinhausen zeigten Harald Kirschner aus Leipzig seine Fotografien zum Thema „Abenteuerspielplatz Neubaugebiet" und seine Frau Jutta Kirschner „Bilderbuchgrafik". Autoren und Verleger aus Ost- und Westdeutschland diskutierten über „Themen und Trends in der Kinderliteratur der DDR und der BRD 1989". Rudolf Chowanetz (1933–2000), damaliger Direktor des Jugendbuchverlags Neues Leben in Ost-Berlin, hielt einen Vortrag über „Stand und Probleme der Literatur für Jugendliche" in der DDR.

Insgesamt waren 13 Autoren, Illustratoren und Verleger aus der DDR, zehn aus der BRD und eine Autorin aus den Niederlanden eingeladen worden: Peter Abraham (1936–2015) aus Potsdam mit seiner humorvollen Geschichte „Das Schulgespenst" (Berlin 1978) und mit den Erlebnissen des 9-jährigen „Pianke" (Berlin 1981); Gerhard Holtz-Baumert (1927–1996) mit seiner Erzählung „Der lange Ritt zur Schule", einer Western-Parodie, die 1982 von der DEFA für Kinder verfilmt worden war; Jurij Brězan mit seinem Bilderbuch „Der Wundervogelmann"; Klas E. Everwyn mit einer Geschichte über Generationenkonflikte „Achtung Baustelle" (Baden-Baden 1982); Reimar Gilsenbach mit seinen Sachbüchern „Rund um die Natur" und „Rund um die Erde"; Peter Härtling mit „Jakob hinter der blauen Tür" (Beltz & Gelberg 1983) und „Der Wanderer" (Verlag Luchterhand 1988); Herbert Heckmann mit „Kasperls Aufstand" (Nagel & Kimche, Zürich 1989) und mit seinen hintergründigen Geschichten um den Sonderling „Blechbüchse" (Nagel & Kimche, Zürich 1985); Harry Kampling; die 1941 in Hamburg geborene Ursula Kirchberg mit ihrer Scheidungsgeschichte „Rike und Matti. Wenn Eltern sich trennen" (Ellermann Verlag 1986/Kinderbuchverlag der DDR 1989) und mit ihren Illustrationen zu Theodor Storms berühmter Novelle „Der Schimmelreiter"; Jutta und Harald Kirschner mit „Der Zirkus ist da"; Joke van Leeuwen mit ihrem

Kinderbuch „Deesje macht das schon" (Beltz & Gelberg 1987, Deutscher Jugendliteratur-preis 1988) und „Die Geschichte von Bobbel, die in einem Wohnrad lebte und reich werden wollte" (Beltz & Gelberg 1989); Hans-Georg Noack mit „Suche Lehrstelle, biete …" (Ravens-burger Buchverlag 1980); Katrin Pieper, 1936 geboren und langjährige Cheflektorin des Kinderbuchverlags der DDR mit ihrem Bilderbuch „Schuleule Paula" (Kinderbuchverlag der DDR 1976) und „Ich habe einen Traum"; Benno Pludra mit „Das Herz des Piraten" (Kinder-buchverlag der DDR 1989) und „Insel der Schwäne" (Kinderbuchverlag der DDR 1982); Mirjam Pressler mit ihrem Jugendroman „Bitterschokolade"; Gunter Preuß mit seinem Erzählband „Die Schule auf dem Baum"; Regina Rusch mit ihrer Kindergeschichte „Zap-pelhannes" (Beltz & Gelberg 1988); Frank Ruprecht mit „Komm Bruder Bär, wir hauen ab!" (Thienemann Verlag 1989), einer Geschichte der Freundschaft zwischen dem Raben und dem Bär; Elisabeth Schulz-Semrau mit „Liane und ihr Baby" (Kinderbuchverlag der DDR 1988); Hans Peter Thiel; Petra Wiegandt mit der Bilderbuchgeschichte „Vom Igel, der keiner mehr sein sollte" (Kinderbuchverlag der DDR 1983); Frantz Wittkamp mit „Du bist da und ich bin hier. Bilderbuch mit Versen" (Beltz & Gelberg 1989) und „Oben in der Rumpelkam-mer. Bilderbuch mit Spielreimen" (Beltz & Gelberg 1990).

Einen weiteren Schwerpunkt bildeten zwei Ausstellungen, die im Kontext des Festivals „Wann wir schreiten Seit' an Seit'. Arbeiteralltag – Arbeiterbewegung – Arbeiterkultur" gezeigt wurden: „Märchen und Mühsal. Arbeit und Arbeitswelt in Kinder- und Jugendbü-chern aus drei Jahrhunderten" sowie „Kind und Arbeit. Bildnerische Gestaltungen der Kin-der von heute". Die Frankfurter Autorin und Journalistin Regina Rusch stellte neben ihrem eigenen Buch auch Thorsten Bäsner und Kirsten Joschko mit ihren Texten vor, die 1986 den Schreibwettbewerb der IG Metall gewonnen hatten: „Mein Vater ist kein ausgebrann-tes Streichholz". Zudem leitete Rusch eine Schreibwerkstatt mit Fünftklässlern der Gesamt-schule Mitte zur Erfindung von Geschichten zur Gestaltung der Zukunft: „So soll die Welt werden" (mit 22 Seiten vervielfältigt). Unter dem Titel „Mein Buch von Duisburg" erarbei-teten Schülerinnen und Schüler des Landfermann-Gymnasiums zusammen mit ihrem Deutschlehrer Jürgen aus der Fünten (1944–2018) und dem bekannten Sachbuchautor Hans Peter Thiel einen 128 Seiten umfassenden „Stadtführer". Er wurde 1992 von der Stadtbibliothek als Buch veröffentlicht.

Neuorientierung im globalen Medienzeitalter: Die IKiBu in den 1990er Jahren

Für 1991 war ursprünglich geplant, mit einem Teil der Veranstaltungen wieder in die Mer-catorhalle zurückzukehren. Doch ließ die Haushaltslage der Stadt Duisburg dann nur eine kleine IKiBu vom 28. November bis zum 1. Dezember in den Bibliotheken zu. Das Pro-gramm setzte die ambitionierten Schwerpunkte „Italienische Kinderbücher", „Kind & Umwelt", „Antiautoritäre Kinderbücher" sowie „20 Jahre Anrich Verlag".

Im Jahr darauf konnte vom 21. bis zum 28. November 1992 eine etwas größere IKiBu stattfinden und seither der Jahresrhythmus wiederhergestellt werden. Zumindest für die Auftaktveranstaltung „Bücher, Kinder, Sensationen" wurde erstmals seit 1981 wieder die Mercatorhalle genutzt, wenn auch nur mit ihrem Kleinen Saal. In der Zentralbibliothek waren drei Ausstellungen zu sehen: Originalillustrationen aus Kinderbüchern des Wiener Cartoonisten Klaus Pitter (*1947) und des Berliner Grafikers Manfred Bofinger (1941–2006), der in der ehemaligen DDR zu den renommiertesten Buchkünstlern zählte, sowie eine Buchausstellung zu dem damals genauso wie heute brisanten Thema „Daheim in der Fremde. Kinder- und Jugendliteratur zum Thema Vertreibung, Verfolgung und Integration". An prominenten Illustratoren von Kinder- und Jugendbüchern waren Manfred Bofinger, Nikolaus Heidelbach, Reinhard Michl (*1948) und Rita Mühlbauer (*1941) zu Gast.

Benno Pludra (1925–2014) gehörte seit 1952 in der DDR zu den erfolgreichsten Schriftstellern deutscher Sprache. Seine Erzählungen und Romane für Kinder und Jugendliche erreichten eine Gesamtauflage von mehr als fünf Millionen. Zusammen mit Manfred Bofinger hatte Pludra 1983 das Kinderbuch „Es war eine Biene" (Kinderbuchverlag der DDR 1984) veröffentlicht. Für sein Buch „Siebenstorch" (Kinderbuchverlag Berlin 1991), aus dem der Autor in Duisburg las, wurde er 1992 mit dem Deutschen Jugendliteraturpreis ausgezeichnet. 2004 erhielt Pludra die Auszeichnung noch einmal für sein Gesamtwerk.

Gudrun Pausewang (1928–2020), die sich in den 1950er Jahren als Lehrerin an den Deutschen Schulen in Chile und Venezuela engagiert hatte, war für ihre seit 1959 veröffentlichten, zeitkritischen und sozial engagierten Kinder- und Jugendbücher national wie international anerkannt. Für ihren Jugendroman „Die Wolke. Jetzt werden wir nicht mehr sagen können, wir hätten nichts gewusst" (Ravensburger Buchverlag 1989), der das Schicksal eines 14-jährigen Mädchens als Strahlenopfer nach einem Reaktorunfall in einem deutschen Atomkraftwerk erzählt, war sie 1988 mit dem Deutschen Jugendliteraturpreis ausgezeichnet worden. In Duisburg las Pausewang aus ihren Novitäten: „Wetten dass Goethe den Wahnsinn verböte. Eine Erzählung gegen den Krieg" (Ravensburger Buchverlag 1992), „Das große Buch vom Räuber Grapsch" mit Bildern von Rolf Rettich (Ravensburger Buchverlag 1992) und „Reise im August" (Ravensburger Buchverlag 1992), das von der „Reise" des jüdischen Mädchens Alice in ein Konzentrationslager erzählt, wo es ermordet wird.

Neben den Lesungen und Ausstellungen bildeten die Theateraufführungen und Werkstätten einen umfangreichen Programmschwerpunkt. U.a. gestalteten Duisburger Kinder im Alter von 8 bis 11 Jahren einen Jahreskalender mit 11 Zeichnungen und kurzen Inhaltsbeschreibungen zu ihren Lieblingsbüchern, wobei der Monat Dezember durch andere Kinder selbst gestaltet werden konnte: von Klassikern wie Jakob Grimms Märchen „Aschenputtel" (Ueberreuter Verlag, Wien), Mark Twains „Tom Sawyer" (Loewe Verlag 1988), Otfried Preußlers „Die kleine Hexe" (Thienemann Verlag 1957) und Michael Endes „Jim Knopf und Lukas der Lokomotivführer" (Thienemann Verlag 1983), über Tove Janssons „Eine drollige Geschichte" (Ravensburger Buchverlag 1976), Sibylle Mews' „Verrückte Ferien mit Fräulein Spargel (Habbel Verlag 1981), Martin Eiseles „Das Geheimnis der Geisternebel" (Pelikan Verlag 1984), Theodor Kallifatidis' „Geschichten aus dem Dorf Mühle" (Anrich Verlag 1985), Else Schwenk-Angers „Tao – der kleine Rabe" (Esa Verlag 1986) bis zu Erhard Dietls „Die Olchis sind da" (Oetinger Verlag 1990) und Jean Estorils „Der Traum vom Tanzen" (Loewe Verlag 1990). Im Filmforum der VHS waren insgesamt 15 Spielfilme für Kinder und Jugendliche zu sehen.

Die IKiBu-Programme der Jahre 1993 bis 1995, die aufgrund erhöhter Sparzwänge deutlich reduziert werden mussten, wurden vor allem durch die Länderschwerpunkte geprägt. „Kein Käse aus Holland" griff im Rahmen der IKiBu vom 16. bis zum 19. November 1993 den Schwerpunkt der Frankfurter Buchmesse auf. Gezeigt wurde eine Auswahl aktueller Kinderliteratur aus den Niederlanden und aus Flandern. Ingrid und Dieter Schubert stellten die Bilderbücher ihres Verlags vor, die in Amsterdam produziert wurden. Der Illustrator und Kinderbuchautor Wolf Erlbruch, 1948 in Wuppertal geboren, wo er heute noch lebt, und von 1967 bis 1974 an der Folkwang Hochschule für Kunst in Essen ausgebildet, zählt seit 1985 zu den national wie international gefeierten Künstlern seines Fachs. 1993 erhielt er für sein Bilderbuch „Das Bärenwunder" (Peter Hammer Verlag 1992) den Deutschen Jugendliteraturpreis. Auf der IKiBu las Erlbruch aus seinen Büchern und zeichnete für die begeisterten Kinder. Der Illustrator Nikolaus Heidelbach wurde im Rahmen der IKiBu für „Albrecht Fafner fast allein" (Beltz & Gelberg 1992) vom damaligen Kultusminister Hans Schwier (1926–1996) mit dem Kinderbuchpreis des Landes NRW ausgezeichnet.

Vom 15. bis zum 19. November 1994 stand die historische und gegenwärtige Kinder- und Jugendbuchliteratur aus Frankreich im Mittelpunkt der IKiBu. Den Themenschwerpunkt bildete die Kinder- und Jugendliteratur zu „Familien – wie sie im Buche stehen". Die Lesungen setzten besondere Akzente. Erhard Dietl, 1953 in Regensburg geboren, erhielt 1993 für sein Theaterstück „Der tapfere Theo" den Österreichischen Kinder- und Jugendbuchpreis. Neben eigenen Theaterstücken, Erzählungen und Liedern für Kinder, darunter die Kinderbuchreihe „Die Olchis" (ab 1990), illustrierte Dietl auch die Kinderbücher von Kollegen: Christine Nöstlingers „Geschichten vom Franz" (1983), die Erzählungen von Kirsten Boie, Gedichte von Erich Kästner und Joachim Ringelnatz. So konnte Dietl zusammen mit den Kindern in Duisburg viel lesen, malen und singen. Tilde Michels (1920–2012) hatte seit 1960 zahlreiche Kinder- und Jugendbücher veröffentlicht. Besonders bekannt wurde sie durch ihre Geschichte „Kleiner König Kalle Wirsch" (1969), die die Augsburger Puppenkiste im November 1970 in vier Folgen im Kinderprogramm der ARD zeigte. 1986 war Michels zusammen mit dem Illustrator Reinhard Michl (*1948) für ihr Kinderbuch „Es klopft bei Wanja in der Nacht" (Verlag Ellermann 1985) mit dem Gustav-Heinemann-Friedenspreis ausgezeichnet worden. In Duisburg las Michels aus ihren neuen Büchern „Gustav Bär geht in die Schule" (Arena Verlag 1992), „Wie der große Bär an den Himmel kam" (Arena Verlag 1992) und „Auch Mäuse mögen Weihnachtsplätzchen" (Verlag R. Oldenbourg 1993).

Cordula Tollmien, 1951 in Göttingen geboren und promovierte Historikerin, begann neben ihren wissenschaftlichen Publikationen ab 1986 Kinderbücher zu schreiben. Für ihr Debüt „La gatta heißt Katze" (Beltz & Gelberg, 1987) erhielt sie 1986 den Peter-Härtling-Preis der Stadt Weinheim. In Duisburg stellte sie ihr Kinderbuch „Fundevogel oder was war, hört nicht einfach auf" (Beltz & Gelberg 1990) vor. Die Journalistin und Schriftstellerin Barbara Veit (1947–2016) diskutierte über ihr Sachbuch „Haß macht die Erde kalt. Die Wurzeln des Rassismus", das sie zusammen mit Hans-Otto Wiebus und der Illustratorin Magdalene Krumbeck 1993 im Peter Hammer Verlag veröffentlicht hatte.

Vom 7. bis zum 12. November 1995 hieß es dem damaligen Länderschwerpunkt der Frankfurter Buchmesse folgend: „Die Kirschen in Nachbars Garten: Österreich". Die Buchausstellung war dem Thema „Freundschaft – Konkurrenz – Solidarität" gewidmet. Zu Lesungen kamen aus Wien zwei der bekanntesten Vertreter der österreichischen Kinderbuchliteratur nach Duisburg. Die 1937 geborene Renate Welsh veröffentlichte seit ihrem Debüt mit „Der Enkel des Löwenjägers" im Jahr 1969 zahlreiche Kinder- und Jugendbücher. 1995 erschienen „Das Lufthaus" (Styria Verlag, Graz) und „Mäusespuk" (Nagel & Kimche, Zürich), aus denen die Autorin in Duisburg den Kindern vorlas. Der Kinderbuchautor, Illustrator und Musiker Stefan Slupetzky (*1962) las aus den 1995 von ihm veröffentlichten Geschichten „Nurmi der Bär" (Picus Verlag, Wien) und „Der Gurkenfrosch" (Kinderbuchverlag Berlin) und stellte auch das von ihm illustrierte Kinderbuch „Weit ist der Weg vom Amazonas" von Alexander Potyka (Picus Verlag, Wien 1985) vor.

Vom 12. bis zum 16. November 1996 standen erstmals wieder die audiovisuellen Medien im Mittelpunkt der IKiBu. Unter dem Titel „Bits für Kids" wurden in Kooperation mit dem Duisburger Mercator-Gymnasium aktuelle CD-ROMs aus der Kinder- und Jugendbibliothek vorgestellt. Schülerinnen und Schüler des Steinbart-Gymnasiums ließen den computergesteuerten „IKiBu-Express" durch die Zentralbibliothek fahren. Im Rahmen der „Medienwerkstatt Filmvertonung" konnten Jugendliche gemeinsam mit Schülerinnen und Schülern des Steinbart-Gymnasiums den Soundtrack zu einem Film herstellen. Die Düsseldorfer Kunst- und Museumspädagogin Inge Sauer gab einen Einblick in die Produktion von Bilderbüchern für Kinder und Jugendliche.
Die Ausstellungen in der Zentralbibliothek waren zwei bedeutenden Illustratoren gewidmet. Zum einen wurden Arbeiten des in Paris lebenden Philippe Corentin gezeigt. Der

Auch PCs und CD-ROMs sind ab 1996 auf der IKiBu vertreten

1936 geborene Kinderbuchautor, Zeichner und Cartoonist erhielt am 15. November im Rahmen der IKiBu von der damaligen Kulturministerin Ilse Brusis (*1937) den Kinderbuchpreis NRW für sein humorvolles Bilderbuch „Plumps!" (Aus dem Französischen von Bernhard und Susanne Koppe, Moritz Verlag, Frankfurt am Main 1995). Zum anderen war unter dem Titel „Die fürchterlichen Fünf und andere tolle Typen" eine repräsentative Auswahl aus dem umfangreichen Werk an Bilderbuchillustrationen von Wolf Erlbruch zu sehen, der damals als Professor für Illustration an der Fachhochschule Düsseldorf lehrte.

Zur IKiBu des Jahres 1997 (11. bis 15. November) konnten zwei hochkarätige Ausstellungen exklusiv in Duisburg präsentiert werden. Unter dem Titel „Du groß und ich klein" waren in der Cubus Kunsthalle – vermittelt durch die Stadtbibliothek und das Französische Kulturzentrum in Essen – Originalillustrationen von Grégoire Solotareff zu sehen. Der aus Alexandria stammende und in Paris aufgewachsene Mediziner hatte 1985 im Moritz Verlag seine ersten Bilderbücher für Kinder veröffentlicht: „Maximilian" und „Der Weihnachtsmann von A-Z". Aufgrund des großen Erfolgs gab er seinen Arztberuf auf und entwickelte sich zu einem der international angesehensten Illustratoren Frankreichs. Auf der Frankfurter Buchmesse wurde Solotareff im Oktober 1997 mit dem Deutschen Jugendliteraturpreis ausgezeichnet. Zur Ausstellungseröffnung in der Cubus Kunsthalle kam der Künstler persönlich nach Duisburg. Nicht minder beeindruckend sind die Illustrationen des Litauers Kestutis Kasparavicius. Der 1954 geborene Künstler hat mehr als 60 Kinderbücher geschrieben und illustriert, die weltweit in 26 unterschiedliche Sprachen übersetzt wurden. Auf der Kinderbuchmesse in Bologna wurde Kasparavicius 1994 von der Kinderhilfsorganisation UNICEF als „Illustrator des Jahres" ausgezeichnet. In Duisburg waren 1997 in der Zentralbibliothek seine handwerklich beeindruckenden Originalillustrationen zu den Kinderbüchern von Paul Maar „Lisas Reise" (Esslinger Verlag 1996) und „Weihnachten bei Familie Bär … und anderen" (Findling Buchverlag 1997) zu sehen.

Die Buchausstellungen zeigten einen Überblick über deutschsprachige und türkische Neuerscheinungen des Jahres 1997 sowie die nominierten Titel zum Deutschen Jugendliteraturpreis. Eine repräsentative Auswahl an Büchern aus und über China würdigte die seit 1982 bestehende Städtepartnerschaft zwischen Duisburg und Wuhan. Aus Anlass des 90. Geburtstags von Astrid Lindgren am 14. November wurden die in der Stadtbibliothek ausleihbaren Bücher prominent präsentiert. Die Lesungen und Theateraufführungen widmeten sich dem Themenschwerpunkt „Wach auf und träume!", mit dem das Motto der Duisburger Akzente vom Mai 1997 aufgegriffen wurde: „Schöne Aussichten. Träume, Visionen, Utopien".

In den Jahren 1998 und 1999 waren es vor allem die Themenschwerpunkte, die der IKiBu eine besondere Anziehungskraft beim Publikum verliehen. Die Veranstaltungen zu den Themen „Indianer" (16. bis 21. November 1998) und „Von Rittern, Bürgern und Bauern. Leben im Mittelalter" (16. bis 20. November 1999) lockten jeweils bis zu 12.000 kleine und große Besucher in die Bibliotheken. Darunter befanden sich 1998 auch vier Schülerinnen und Schüler aus Duisburgs Partnerstadt Wuhan, die zusammen mit ihren 16 deutschen Mitschülerinnen und Mitschülern von der Marktschule Rheinhausen an drei Tagen an einem Workshop des chinesischen Künstlers Shu Gang Wang teilnahmen und die dabei entstandenen Arbeiten in der Bezirksbibliothek vorstellen konnten. Der Kinderbuchpreis NRW ging 1998 an Ole Könnecke für „Lola und das Gespenst" (Carlsen Verlag, Hamburg 1997). Er wurde zur Eröffnung der IKiBu von Kulturministerin Ilse Brusis verliehen. Könnecke, der 1961 in Göttingen geboren worden war und seine Kindheit in Göteborg verbrachte, wurde zu einem Grenzgänger zwischen Deutschland und Schweden, zwischen Comic und Bilderbuch. Seit 1990 hat er zahlreiche Kinderbücher illustriert und selbst geschrieben, die vielfach ausgezeichnet wurden (und seit 2006 veröffentlicht er auch Übersetzungen aus dem Schwedischen). 1999 erhielt die Auszeichnung Jutta Bauer für das von ihr geschriebene und illustrierte Buch „Die Königin der Farben" (Beltz & Gelberg 1998). Die Hamburger Autorin und Illustratorin veröffentlicht seit 1981, zeichnete Cartoons und Bildergeschichten für die Zeitschrift „Brigitte" und lieferte die Illustrationen zu Kinderbüchern einer Reihe renommierter Autorenkollegen: Christine Nöstlinger, Kirsten Boie, Peter Härtling, Klaus Kordon, Annette Pehnt.

Ausstellungen waren sowohl in der Zentralbibliothek als auch in der Galerie der Bezirksbibliothek Rheinhausen zu sehen: zur IKiBu 1998 Originalgrafiken von Gabriele Hafermaas, 1940 in Berlin geboren, seit den 1980er Jahren als Illustratorin von Schul-, Sach- und Bilderbüchern aktiv (u.a. für die Bücher von Willi Fährmann), zu Karin von Welcks „Bisonjäger und Mäusefreunde. Wie die Indianer früher in Nordamerika lebten und wie es ihnen heute geht" (Otto Maier Verlag Ravensburg) und von Gisela Kalow zu den Kinderbüchern von Achim Bröger „Guten Tag, lieber Wal" (Thienemann Verlag, 1974), „Das wunderbare Bettmobil" (1975) und „Bruno und das Telefon" (1983). 1999 wurden in der Zentralbibliothek Originale von Jörg Müller aus dem Bilderbuch „Auf der Gasse und hinter dem Ofen. Eine

Verleihung
des Kinderbuch-
preises NRW
durch Kultur-
ministerin
Ilse Brusis
an Ole Könneke
im Rahmen der
IKiBu 1998

n Rittern,
rge
d Ba

Mittelalter trifft
21. Jahrhundert:
Eröffnung von
„Surfer's Paradise",
dem neuen CD-ROM-
Spielplatz für Kinder in
der Zentralbibliothek
im Rahmen der
IKiBu 1999

Stadt im Spätmittelalter" (Sauerländer Verlag 1995) ausgestellt und in der Galerie der Bezirksbibliothek Rheinhausen von der 1962 geborenen Christiane Pieper Illustrationen zu „Komm auf die Welt. Ein Kinderbuch aus dem Dschungel Afrikas" (Peter Hammer Verlag 1994) und „Kreuz und quer. Josefine und der Bär" (1998). Begleitend zeigte das Kindermuseum im Wilhelm Lehmbruck Museum, vermittelt von Inge Sauer, zur IKiBu 1998 Originalobjekte zu Eskimos und Indianern aus dem Bestand des Rautenstrauch-Joest-Museums Köln sowie zur IKiBu 1999 „Es war einmal eine Idee ... Bilderbuchillustratoren über die Schulter geblickt".

An Autorinnen und Autoren der Kinder- und Jugendbuchliteratur waren zu Gast: zur IKiBu 1998 Anette Bley, 1967 in Tübingen geboren, die Malerei und Grafik an der University of Iowa studiert hat, mit ihrer Kindergeschichte „Sophia und die Gruselgeister" (arsEdition 1998); Gabriele Hafermaas mit ihrem Sachbuch „Bisonjäger und Mäusefreunde"; der 1941 in Magdeburg geborene Autor und Illustrator Frank Ruprecht mit seinem Kinderbuch „Gelbschnabelrabenaffennasenzauber" (Thienemann Verlag 1996); Gisela Kalow mit „Guten Tag, lieber Wal"; Ole Könneke mit „Lola und das Gespenst"; Klaus Dieter Remus, 1956 geboren und in der DDR aufgewachsen, mit seinem Kinderroman „Schwarzer Freitag für Robinson oder: Wie klaut man eine U-Bahn" (Elefanten Press 1998); Günter Saalmann, 1936 geboren, seit 1978 in der DDR als Schriftsteller und Musiker erfolgreich, aus Chemnitz mit seinem Jugendroman „Ich bin der King" (Ravensburger Buchverlag 1997); zur IKiBu 1999 kamen Gabriele Beyerlein, 1949 geboren, mit ihrem Jugendroman „Wie ein Falke im Wind" (Thienemann Verlag 1993), der fiktiven Biografie des Dichters des „Nibelungslieds"; Petra Fietzek, 1955 in Frankfurt am Main geboren, Lyrikerin und seit 1988 auch Autorin von Kinder- und Jugendbüchern, mit „Ritter Karuso und die Zauberrüstung", illustriert von Katharina Wieker (Loewe Verlag 1999); Susanne Janssen mit „Madame Butterflys Klavierstunde" (Carl Hanser Verlag 1998); Ruben Philipp Wickenhäuser, 1973 in Berlin geboren und seit 1996 als Autor von historischen Romanen und Indianerromanen für Kinder und Jugendliche erfolgreich, mit seiner Kriminalgeschichte „Mauern des Schweigens", die im Bamberg des Jahres 1380 angesiedelt ist. Mit AGIL – Büro für angewandte Archäologie, einem Zusammenschluss von Archäologen, Handwerkern, Pädagogen, Biologen und Medienexperten, konnten die Kinder und Jugendlichen die Vielfalt des Mittelalters in zahlreichen Werkstätten selbst gestaltend erleben. Im Kultur- und Stadthistorischen Museum am Innenhafen in unmittelbarer Nähe der historischen Stadtmauer konnten die Kinder und Jugendlichen Duisburg im Mittelalter entdecken: die spannende Entwicklung „Von der Burg zur Stadt". Die Gruppe Narrattak ließ in der Tradition des Markttheaters der fahrenden Spielleute Musik des ausgehenden Mittelalters erklingen, kombiniert mit Artistik und Spiel der Commedia dell'Arte. Bei der Aufführung des Duisburger Theaters Kreuz & Quer hieß es: „Drachendamen küsst man doch."

Zu den Themen der IKiBu erschienen jeweils Verzeichnisse mit Kinder- und Jugendliteratur, Hörbüchern mit Lesungen und Hörspielen auf CD sowie empfehlenswerten CD-ROMs („Bits für Kids"). Im Rahmen des Festivals konnte im November 1999 in der Zentralbibliothek mit „Surfer's Paradise" endlich ein Bereich mit vier CD-ROM-Spielplätzen für Kinder eröffnet werden. Die Einrichtung erfolgte dank der finanziellen Unterstützung durch die

Duisburger Bibliotheksstiftung. Der Name wurde über einen Wettbewerb mit Kindern gewonnen. Seither konnten die jungen Bibliotheksnutzerinnen und -nutzer auf eine Auswahl von 40 Lern- und Spiel-CD-ROMs zugreifen, die fortlaufend aktualisiert wurde. Ein besonderes Medienprojekt war 1999 die „Nachrichtenzentrale" mit der Duisburger Videokünstlerin Ruth Bamberg.

Die IKiBu im 21. Jahrhundert: Das Zusammenspiel von Büchern, Internet, audiovisuellen und digitalen Medien

Zum Auftakt des neuen Jahrtausends hieß es bei der IKiBu „Winde weh'n, Schiffe geh'n". Vom 14. bis zum 18. November 2000 gab es ein umfangreiches Programm mit rund 200 Veranstaltungen, über die das vom Arbeitskreis Stadtfernsehen in Kooperation mit dem Steinbart-Gymnasium betreute „IKiBu-TV" täglich aus der Zentralbibliothek berichtete. 16 Schülerinnen und Schüler gestalteten jeweils von 8 bis 17 Uhr Nachrichten, Reportagen und Interviews unter professioneller Anleitung durch das Stadtfernsehen „Studio 47" – insgesamt 16 Sendungen, die auf Videomonitoren als Festivalfernsehen ausgestrahlt wurden. In der Zentralbibliothek und in der Galerie der Bezirksbibliothek Rheinhausen war unter dem Titel „Kreuz und quer …" eine Auswahl von Kinderbuchillustrationen der Wuppertaler Künstlerin Christiane Pieper zu sehen. Die Ausstellungen kamen durch Vermittlung des Peter Hammer Verlags zustande, in dem die von Pieper illustrierten Bücher erschienen sind. Der 1966 in Wuppertal gegründete Verlag, dessen damaliger Verlagsleiter Hermann Schulz 1938 in Tansania zur Welt kam, belegt mit seinem Programm eine Humanität ohne Grenzen. Aus Anlass seines 35-jährigen Bestehens präsentierte der Verlag unter dem Titel „Wie die Geschichten auf die Welt kamen" seine Kinder- und Jugendbuchsparte, die den Fokus auf die großartige Vielfalt der Kulturen unserer Erde legt. Neben Christiane Pieper, die ihr Buch „Kreuz und quer, Josefine und der Bär" vorstellte, war auch Jutta Bauer mit ihrem 1999 ausgezeichneten Buch „Die Königin der Farben" zu Gast.

Eröffnet wurde die 29. IKiBu vom Theater Pelemele, moderiert und assistiert von Rainer Besel vom Duisburger Theater für Menschen Kreuz & Quer. Kapitän Krähennest (gespielt von Martin Molitor) und Backenbart (gespielt von Ralf Hafner) begaben sich auf die Suche nach einem sagenumwobenen Bücherschatz, zu dessen geheimem Versteck jeder aber nur eine Hälfte der benötigten Schatzkarte besaß. Die Schatzsuche quer durch die Zentralbibliothek wurde begleitet vom Althomberger Kinderchor unter Leitung von Constanze Rolfink, der Shantys zum Besten gab.

Das Literaturprogramm gestalteten: Kirsten Boie, 1950 in Hamburg geboren und seit Langem eine der erfolgreichsten Kinder- und Jugendbuchautorinnen Deutschlands, mit ihrer Neuerscheinung „Wir Kinder aus dem Möwenweg", illustriert von Katrin Engelking (Oetinger Verlag 2000); der Musikpädagoge und Musicalkomponist Uwe Brosch, der den Kindern von Bodo dem Buddelschiffkobold und seinem Traum erzählte, ein echter Pirat zu werden; Prof. Dr. Boris Culik, Mitarbeiter am Kieler Institut für Meereskunde, mit seinen Sachbüchern zu Walen, Delfinen und Pinguinen, über die er den Kindern im Aquarium des Duisburger Zoos berichtete; die Schauspielerin und Kinderbuchautorin Nina Rauprich mit „Die sanften Riesen der Meere" (dtv junior 1991), der Geschichte eines Jungen auf

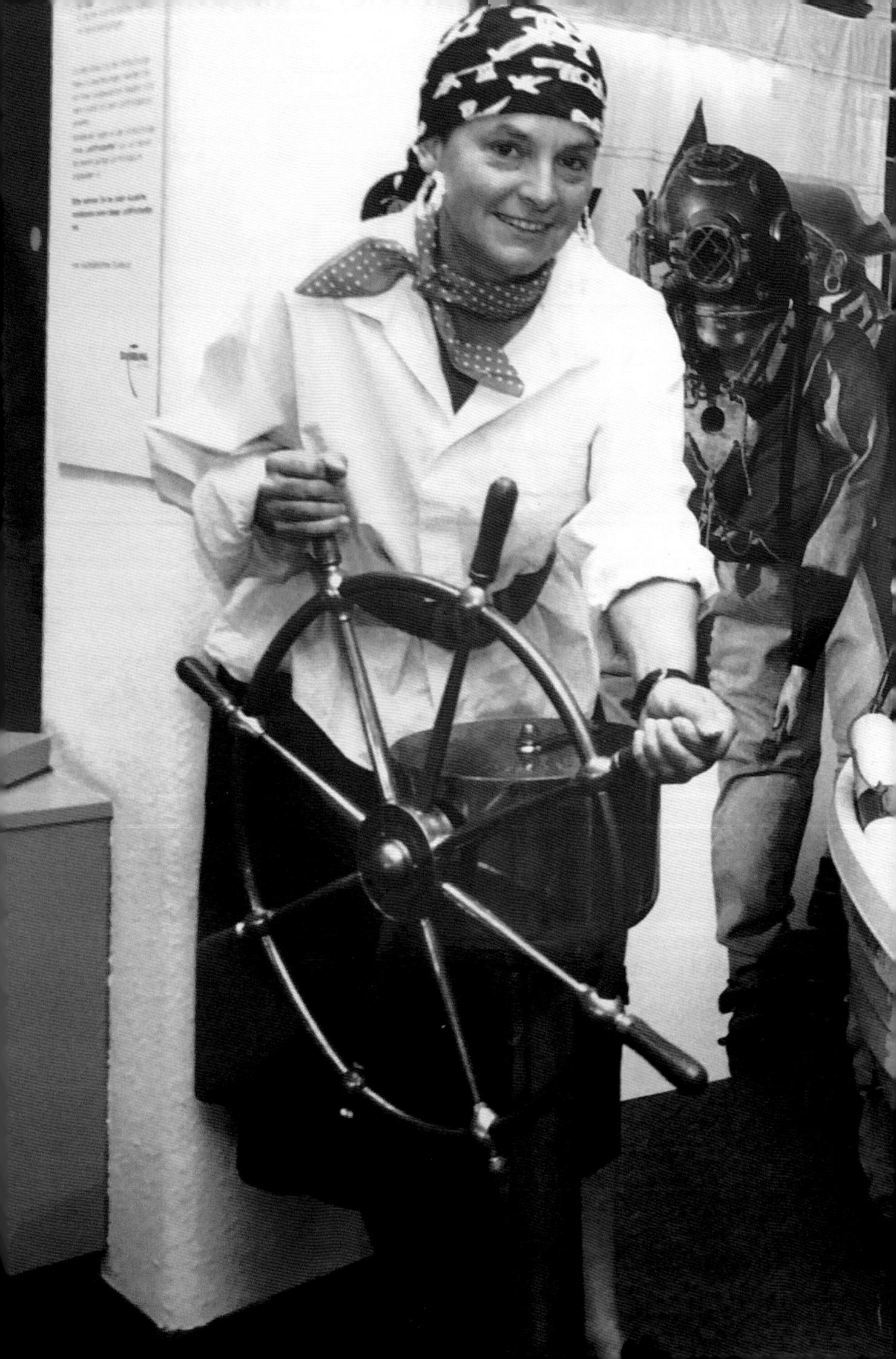

Pressekonferenz zur Vorstellung des Programms der IKiBu des Jahres 2000 mit Monika Brockerhoff, Ulla Leis, Jens Holthoff, Sabine Thom, Gerd Bilduu und Jan-Pieter Barbian

Madeira, der Walfänger werden will, aber durch eine Meeresbiologin bekehrt wird; Hermann Schulz, der nicht nur als Verlagsleiter aktiv war, sondern auch eigene Kinder- und Jugendromane im Carlsen Verlag veröffentlicht, mit der bewegenden Geschichte „Sein erster Fisch" (2000); Jürgen Seidel mit seinem Jugendbuch „Young Nick und die Verschwörung auf der Endeavour" (Beltz & Gelberg 2000); Andreas Steinhöfel, der in den 1990er Jahren seine Karriere als einer der erfolgreichsten deutschen Jugendbuchautoren startete, mit seiner Geschichte „O Patria Mia" (Carlsen Verlag 1996).

Im Rahmen der IKiBu wurden der schwedische Autor Ulf Stark (1944–2017) und die Illustratorin Eva Eriksson (*1949) für ihr Kinderbuch „Als Papa mir das Weltall zeigte" (übersetzt von Brigitta Kicherer, Carlsen Verlag 1999) mit dem Kinderbuchpreis NRW ausgezeichnet. Der damals zuständige Kulturminister Michael Vesper leistete sich bei der Preisverleihung im Beisein des damaligen Verlagsleiters Klaus Humann den Fauxpas des falschen Lobes: Es sei gut, dass auch andere Verlagsproduktionen als nur J.K. Rowlings Romane um „Harry-Potter" ausgezeichnet würden – ohne zu wissen, dass die deutschen Übersetzungen im Hamburger Carlsen Verlag erschienen waren und bis heute eine Auflage von 31 Millionen erreicht haben. Das Bühnenprogramm gestalteten Clown Bibo, das Figurentheater „Struwwelköpfe", das Kindertheater von/mit Achim Sonntag, Anders Orth mit Lila Lindwurm, der Liedermacher Helmut Meier aus Rheinhausen mit Seefahrerliedern, das NaDu-Theater, das Pappmobil mit seinem Theater mit Menschen und Figuren, Pommis Puppencircus, das Duisburger Theater Kreuz & Quer, Wolfgang Riek als Käpt'n Klaas, das Duisburger Theater Tom Teuer, das Theater Zebula und der Zauberer Zinnobro. Zur Attraktivität des Programms trugen Lesungen und Kreativwerkstätten an besonderen Orten bei: im Lehmbruck Museum, im Kultur- und Stadthistorischen Museum, im Museum der Deutschen Binnenschifffahrt und im Duisburger Zoo.

Aus Anlass des 30. Jubiläums widmete sich die IKiBu vom 19. bis zum 24. November 2001 dem wichtigen Ausgangspunkt und zentralen Thema aller Literatur: „Fantastische Welten". Zu Beginn war eine Revue der beliebtesten Figuren der Kinderbuchliteratur zu sehen. Maren Stieg vom Duisburger Reibekuchentheater und Anne Bazzanella von der Yehudi Menuhin Stiftung hatten die Choreografie mit Drittklässlern der Gemeinschaftsgrundschule Musfeldstraße einstudiert. Bei der Aufführung begleitet wurden sie von dem bekannten Kinderliedermacher Olaf Wiesten, der nicht nur die Kinder, sondern auch die Erwachsenen begeisterte.

Norman Junge, einer der bekanntesten deutschen Illustratoren, und der Berliner Aufbau Verlag mit seiner 1999 gestarteten Kinderbuchsparte waren mit eigenen Ausstellungen in der Galerie der Bezirksbibliothek Rheinhausen vertreten. Der 1938 in Kiel geborene Junge war ursprünglich Schriftsetzer und arbeitete nach seinem Studium an der Werk-kunstschule/Werkkunstakademie Kassel als Werbegrafiker. Ab 1985, als das Buch von Monika Seck-Aghte „Lehn dich an und träume. Geschichten für aufgeweckte Kinder" im Verlag Beltz & Gelberg erschien, wurde Junge als Illustrator von Kinderbüchern national wie international bekannt. Inzwischen sind mehr als zwanzig Bücher mit seinen Illustra-tionen in den Verlagen Beltz & Gelberg und Aufbau veröffentlicht worden. In Rheinhausen konnten Kinder und Erwachsene „Norman Junge als Zeichner" für sich entdecken – in Anwesenheit des Künstlers, begleitet von seiner selbst kreierten „Klatschmaschine". Gezeigt wurden Originalillustrationen zu „Ottos Mops" (2001), zu „Antipoden – auf der anderen Seite der Welt" (1999), „Fünfter sein" (1997) und „Immer höher" (1996) von Ernst Jandl, zu „Norbert der Nachtwandler" von Donna Bee (2001), zum Gedicht „Der Schnup-fen" von Christian Morgenstern (2000), zu „Eine gemütliche Wohnung" von Paul Maar (1994), zu „Jakob und seine 200 Großväter" von Miloš Macurek (1992), zu „Nix Kuckuck"

Der Liedermacher Olaf Wiesten in seinem Element auf der IKiBu 2001

von Stephan Köster (Video 1989), zum „Zaubertrottel" von Josef Schnelle (Video 1988) und zu „Das traurige Nilpferd" von Peter Schössow (Video 1990). In der Zentralbibliothek stellte Imma Wick eine Auswahl von 40 Exponaten ihrer hochkarätigen Privatsammlung mit Plakaten, Kinder- und Bilderbuchillustrationen aus.

Neben Norman Junge, der auch das Plakat zur IKiBu zur Verfügung stellte, waren promi- nente Vertreter der deutschen Kinderbuchliteratur zu Gast: Manfred Bofinger mit der von

ihm illustrierten Kindergeschichte „Kasimir hat einen Vogel" von Wolfdietrich Schnurre (Aufbau Verlag 2000); Hans-Joachim Gelberg mit seiner von Wolf Erlbruch illustrierten Anthologie „Der große Ozean. Gedichte für alle" (Beltz & Gelberg 2000); Paul Maar mit seinen beliebten Kinderbüchern „Eine Woche voller Samstage" (1973), „Am Samstag kam das Sams zurück" (1980), „Neue Punkte für das Sams" (1992) und „Ein Sams für Martin Taschenbier" (1996), deren Geschichten er für mehr als 100 Kinder erzählte und zeichnete. Der 1967 in Kroatien geborene, seit 1970 in Berlin lebende Zoran Drvenkar stellte seinen Jugendroman „Im Regen stehen" (Rowohlt Verlag 2000) und sein Kinderbuch „Eddies erste Lügengeschichte" (Oetinger Verlag 2000) vor. Ursula Kirchberg las ihre Bilderbuchgeschichten „Felix, Kemal und der Nikolaus" (Nord-Süd-Verlag 1996), Inge Meyer-Dietrich, 1944 in Bochum geboren, las aus ihrem neuen Jugendroman „Warum, Leon?" (Ravensburger Verlag 2000) und Anne Steinwart aus ihrem Kinderbuch „Anna und die ABC-Hexe" (Arena Verlag 2001).

Rita Mühlbauer lud die Kinder ein, die besondere Bilderwelt ihres Buchs „Himmelszelt und Schneckenhaus. Ein Wohnpoesiealbum" (Verlag Sauerländer 1979 + 1994) für sich zu entdecken. Die Grafikerin, Illustratorin und Ausstellungsmacherin Inge Sauer aus Düsseldorf gab Kindern Anleitungen zum Bau eines eigenen „Miniatur-Theater aus Papier". Der Verein Aktion & Kultur mit Kindern (Akki) gestaltete mit Kindern und Jugendlichen in der Zentralbibliothek einen multimedialen „Film-Erlebnisparcours" zum Thema „Fantastische Welten". Am Theaterfestival zur IKiBu wirkten das Duisburger Reibekuchentheater, „Die Mimosen", das Theater „Wilde Hummel", die „Kultur Company" mit ihrem Stück „E-Mail und der de.tektiv", das „Theater der Dämmerung" und das Figurentheater „Sonstwo" mit.

Vom 18. bis zum 23. November 2002 stellte die IKiBu den Kindern die spannende Frage: „Kennst du Europa?" Unter Leitung der Duisburger Künstlerin Barbara Frintrop beteiligten sich Schülerinnen und Schüler aus zwölf Duisburger Schulen an einem grenzüberschreitenden Projekt. Die Kinder und Jugendlichen zeichneten Bilder zu einem Lieblingsbuch, einer Lieblingsgeschichte, einer Lieblingsfigur aus einem Buch, Film oder Spiel. Die gemalten Bilder wurden dann in europäische Nachbarländer verschickt, wo Kinder und Jugendliche ebenfalls mit gemalten Bildern antworten konnten. Die Ergebnisse der jungen Europäer waren dann in der Galerie der Bezirksbibliothek Rheinhausen zu sehen.

In der Zentralbibliothek wurden Originalillustrationen und Linolschnitte von Susanne Janssen gezeigt, die auch das Plakat zur IKiBu gestaltet hatte. Die 1965 in Aachen geborene Künstlerin, die bei Wolf Erlbruch an der Fachhochschule Düsseldorf studiert hat, arbeitet seit 1993 als freie Buchillustratorin und Grafikerin im Elsaß. Für ihr grafisches Werk, das sowohl Kinder- und Märchenbücher als auch Bücher für Erwachsene bereichert, wurde sie mehrfach ausgezeichnet. In Duisburg waren 40 Originalillustrationen in Öl und als Linolschnitte zu sehen: aus „Rotkäppchen" (Hanser Verlag 2001), „Madame Butterflys Klavierstunde" (Hanser Verlag 1998), „Von Kötern, Kläffern und feinen Hundedamen" (Carlsen Verlag 1998), „Die Hexe von Amboto. Alte spanische Märchen" (Sanssouci Verlag 1997). Zur Eröffnung konnten sich die kleinen Gäste über Janoschs Kinderbuchklassiker „Oh, wie schön ist Panama" freuen, den das Theater Oberhausen auf die Bühne brachte. Erstmals zur IKiBu angeboten wurden Literatur-Spiel-Werkstätten von EVENTILATOR aus Berlin mit Frank Sommer. Dabei konnten sich Kinder und Jugendliche durch Vermittlung von Schauspielern, bildenden Künstlern, Erzählern, Theaterpädagogen und Sprecherziehern mit dem Buch „Papa, was ist ein Fremder?" des bekannten französischen Schriftstellers Tahar Ben Jelloun (1947 in Fès geboren) auseinandersetzen, das in der deutschen Übersetzung 2000

im Rowohlt Verlag erschienen war. Die filmothek der jugend nrw e.V. veranstaltete eine Trickfilm-Werkstatt „Zeichentrickfilm selbstgemacht". Der Westermann Lernspielverlag aus Braunschweig bot unter der Überschrift „Lük & Co – spielend Lernen mit Erfolg" eine spannende Lern-Spiel-Werkstatt für Drei- bis Vierzehnjährige an.

Das Literaturprogramm ermöglichte zum einen Begegnungen mit den Illustratoren Susanne Janssen, Martin Baltscheit (*1965) aus Düsseldorf und dem aus Istanbul stammenden Iskender Gider (*1957) mit „Jochen, der Schweinefant" (Lappan Verlag 1998). Zum anderen las eine Reihe herausragender Kinder- und Jugendbuchautor/innen vor: Zoran Drvenkar aus seiner von Martin Baltscheit illustrierten Geschichte „Der einzige Vogel, der die Kälte nicht fürchtet" (Carlsen Verlag 2001), die im Rahmen der IKiBu mit dem Kinderbuchpreis NRW ausgezeichnet wurde; der für seine informativen Sachbücher bekannte Rainer Köthe mit „Europa" aus der Reihe „Was ist was"; Marie-Thérès Schins mit ihrem Kinderbuch „Und wo sind die Indianer? Doro in Nordamerika" (Peter Hammer Verlag 2002); Mike Stuart alias Michael Stuhr, Jahrgang 1951, mit seiner erfolgreichen Abenteuerbuch-Reihe „Das Team"; Dieter Winkler, 1956 in Berlin geboren, mit „In letzter Sekunde" aus seiner Jugendbuchreihe „Stoppt Gewalt" und mit „Nummer 5 hebt ab" aus seiner Kinderkrimi-Reihe „Netsurfer" (1999–2001); die 1960 in Aachen geborene Kinder- und Jugendbuchautorin Sigrid Zeevaert mit „Weiberkram" (Dressler Verlag 2001).

„Tierisch gut" ging es bei der IKiBu vom 17. bis zum 22. November 2003 zu. Zur Eröffnung spielte ein Ensemble der Duisburger Philharmoniker den „Karneval der Tiere" von Camille Saint-Saëns. Das farbenfrohe, lustige Plakat hatte mit Manfred Bofinger (1941–2006) einer der bekanntesten deutschen Illustrationskünstler gestaltet. Die Ausstellung in der Zentralbibliothek war seinem umfangreichen Werk gewidmet. Gezeigt wurden Originalillustra-

Zoran Drvenkar und Martin Baltscheit zusammen mit Peter G. Dirmeier anlässlich der Verleihung des Kinderbuchpreises NRW auf der IKiBu 2002

tionen aus den Kinderbüchern „Graf Tüpo" (1991), „Die Zitrone drückt sich gut aus" (1992), „Das Gänsehautbuch" (1994), „Der Struwwelpeter" (1994), „Haps! Das Menschenfresserbuch" (1994), „Die untreue Maulwürfin" (2000) und „Kasimir hat einen Vogel" (2000). Die Galerie der Bezirksbibliothek Rheinhausen widmete eine vom Bilderbuchmuseum in Troisdorf entliehene Ausstellung dem genialen Meister der deutschen Illustrationskunst F.K. Waechter. Zu sehen waren 62 Bilder aus vierzig Jahren zum Thema „Wir können noch viel zusammen machen", in denen Waechter die Tierwelt für Kinder und Erwachsene auf seine ganz eigene Art sichtbar machte.

Tina Kemnitz und Frank Sommer von EVENTILATOR beschäftigten sich in einer Spiel- und Erzählwerkstatt mit Martin Kleins Kinderbuch „Die Stadt der Tiere" (Elefanten Press, 2002). In Kooperation mit dem Institut für Kino und Filmkultur aus Köln wurden im damals noch benachbarten Europa-Kino für Schuklassen der Jahrgangsstufen 4 bis 6 „Kino-Seminare" zu den Spielfilmen „Wolfsblut", „Amy und die Wildgänse" sowie „Chicken Run – Hennen Rennen" veranstaltet. Aufgrund des Themas war es naheliegend, den Zoo Duisburg einzubeziehen. Er präsentierte sich am Aktionstag mit einem großen Informations- und Aktionsstand in der Zentralbibliothek. Auch die zahlreichen Theateraufführungen, Konzerte und Kreativwerkstätten widmeten sich dem bunten Reich der Tiere.

Im Rahmen des Literaturprogramms stellten ihre Tierbücher vor: der 1956 geborene Zoologe und Sachbuchautor Udo Gansloßer mit seinem Buch über „Bären" in der Reihe „Was ist was" (2003); der 1947 geborene Buchhändler, Verlagslektor und freie Schriftsteller Herbert Günther mit seinen Kinderbüchern „Leo, der Familienhund" (Oetinger Verlag 2001) und „Leo, ein Hund für alle Fälle" (Oetinger Verlag 2003); Christa Ludwig, Jahrgang 1949, mit ihrem Jugendroman „Die Federtoten" (Edition Anrich 1997), der die Massentierhaltung in der deutschen Landwirtschaft kritisch hinterfragt; die 1954 geborene Kinderbuchautorin Sabine Ludwig aus Berlin mit ihrem Buch „Ein Haufen Ärger" (Dressler Verlag 2001); Antonia Michaelis, 1979 in Kiel geboren, mit ihrem Kinderbuch „Die wunderliche Reise von Oliver und Twist" (Loewe Verlag 2003) nach Charles Dickens; der Illustrator Reinhard Michl, 1948 in Niederbayern geboren und heute in München lebend, mit dem von ihm illustrierten Geschichtenbuch „Wo Fuchs und Hase sich Gute Nacht sagen. Die schönsten Tiergeschichten und -gedichte" (Gerstenberg Verlag 2002).

Maritgen Matter und Anke Faust bei der Verleihung des Kinderbuchpreises NRW im Rahmen der IKiBu 2004

Olaf Wiesten bei der Eröffnung der IKiBu 2004

2004 hieß es vom 15. bis zum 20. November „mensch mädchen – junge das kommt an". Das dazu passende Plakat hatte Martin Baltscheit gestaltet. Seine Originalillustrationen zum Kinderbuch von Christine Schwarz „Gold für den Pinguin" (Bajazzo Verlag, Zürich 2004), eine heitere Geschichte um das Motto des Barons von Coubertin für die Olympischen Spiele „Mitmachen ist wichtiger als Siegen!", waren im Rahmen der Ausstellung in der Zentralbibliothek zu sehen. In der Galerie der Bezirksbibliothek Rheinhausen wurden zeitgleich in Kooperation mit der New School of Comic Arts/Zeichenschule für Comic und Illustration aus Moers die Comics, Cartoons und Mangas von fünf talentierten jungen Zeichnern gezeigt. Im Rahmen der Ausstellung gab es auch Workshops für Jugendliche mit Jen Satora. Die Bezirksbibliothek Buchholz zeigte Arbeiten der katholischen Grundschule Böhmer Straße: die Schülerinnen und Schüler hatten sich die Geschichte von der Prinzessin Pfiffigunde selbst ausgedacht und ausgemalt und machten aus Lotte, die in einem Kinderbuch von Doris Dörrie Prinzessin werden will, den Jungen Otto, der Ritter werden möchte.

Eröffnet wurde die 33. IKiBu vom Musiktheater Lupe aus Osnabrück mit dem Stück „Paulina Paul". Darin ging es um die Klischees zum unterschiedlichen Charakter und Verhalten von Mädchen und Jungen, deren Geschlechter nach einem Flugzeugabsturz von Paulina und Paul durcheinandergeworfen werden. Mit einem Flugzeug und einem Fallschirm, mit wunderschöner Musik und liebevollen Choreografien, aber auch mit überraschender Komik der beiden Schauspieler konnten sich die Kinder auf diese Entdeckungsreise begeben. Die Literaturwerkstätten von EVENTILATOR mit Tina Kemnitz und Frank Sommer waren den Themen „Typisch männlich – typisch weiblich" sowie „Drogen und Drogenmissbrauch" gewidmet. Im damaligen „Jahr der Technik" konnten Jugendliche „Spaß am Lernen mit Lego-Baukästen" finden. In Kooperation mit Radio 1LIVE und WDR 3 wurden unter der Überschrift „Lauschangriff" erstmals Hörspiele in den Bibliotheken für Schulklassen aufgeführt und gemeinsam diskutiert. Die filmothek der jugend nrw e.V. bot eine Trickfilm-Werkstatt an, in der Kinder die Gestaltung eigener Zeichentrickfilme erlernen konnten. Neben Martin Baltscheit zeichneten und diskutierten: die 1965 in Hamburg geborene Julia Kaergel, die durch ihre Illustration des Kinderbuchs „Der verlorene Wackelzahn" von Cornelia Funke (Oetinger Verlag 2000) international bekannt geworden war, mit den von ihr illustrierten Kinderbüchern von Doris Dörrie „Mimi ist sauer" (Diogenes Verlag 2004) und „Lotte will Prinzessin sein" (Ravensburger Verlag 1998) und Ole Könnecke, der „Lola und das Gespenst" (Carlsen Verlag 1997) und sein neues Buch „Anton und die Mädchen" (Sanssouci Verlag 2004) vorstellte.

Die 1970 geborene Sabine Both las aus ihren Jugendromanen „Umzug nach Wolke 7" (2002), „Was reimt sich auf Liebe?" (2003) und „Liebe geteilt durch zwei" (2004), die in der Reihe „Freche Mädchen – freche Bücher" des Thienemann-Esslinger Verlags erschienen sind. Anja Kömmerling (*1965) und Thomas Brinx (*1963) unterhielten sich mit den Kindern über ihr gemeinsames Buch „Alles Hühner – außer Ruby!" (Thienemann Verlag 2003) und „Alles Machos – außer Tim!" (Thienemann Verlag 2004). Zum letzten Mal war bei der IKiBu mit ihrem Jugendroman „Malka Mai" (Beltz & Gelberg 2001) und mit ihren Hexengeschichten „Sieben und eine Hex" (Loewe Verlag 1992) Mirjam Pressler zu Gast, die allerdings keine rechte Freude mehr am Lesen für Kinder hatte. Die Schauspielerinnen Dorothea Gädeke und Gabrielle Odinis lasen das 1994 in London uraufgeführte Theaterstück „Yard girl" der 1971 geborenen britischen Autorin Rebecca Prichard. Die niederländische Autorin Maritgen Matter (*1962 in Amsterdam) und die Illustratorin Anke Faust (*1971 in Brilon, seit 1996 freiberuflich für Kinder- und Jugendbuchverlage tätig) erhielten während der IKiBu für ihr gemeinsames Debüt „Ein Schaf fürs Leben" (Oetinger Verlag 2003) den Kinderbuchpreis NRW. Beide beteiligten sich auch mit Lesungen und Zeichenwerkstätten am Programm. An den Nachmittagen konnten die Kinder wieder ein umfang- und abwechslungsreiches Theater- und Konzertprogramm sowie zahlreiche Kreativwerkstätten erleben.

Aus Anlass des 200. Geburtstags von Hans Christian Andersen (1805–1875) war die IKiBu vom 14. bis zum 19. November 2005 dem Thema „Märchenhaft anders" gewidmet. Die vielfach ausgezeichnete österreichische Illustratorin Silke Leffler, 1970 in Vorarlberg geboren, hatte das Plakatmotiv aus dem Märchen „Die Prinzessin auf der Erbse" gezeichnet. Die Originalillustrationen von Silke Leffler zu diesem Klassiker der Märchenliteratur, der 2004 zusammen mit zwölf anderen Andersen-Märchen im Annette Betz Verlag (München) erschien, wurden in der Zentralbibliothek gezeigt. Die Geschichte des Deutschen Jugendliteraturpreises, der seit 1956 von dem im Januar 1955 in München gegründeten Arbeitskreis für Jugendliteratur e.V. verliehen wird und davon zweimal im Rahmen der IKiBu in Duisburg, ließ eine Ausstellung im Foyer der Zentralbibliothek Revue passieren. Die Galerie der Bezirksbibliothek Rheinhausen zeigte unter der Überschrift „Das Leben ist das schönste Märchen, denn darin kommen wir selber vor" Bilder und Texte zum Leben von Hans Christian Andersen. Die Duisburger Bibliothekarin Sigrid Kruse stellte dazu eine Auswahl ihrer Sammlung mit Büchern des dänischen Schriftstellers zur Verfügung. In der Bezirksbiblio-

thek Buchholz wurden kleine Kunstwerke von Schülerinnen und Schülern der Klasse 3b der Grundschule Albert Schweitzer Straße gezeigt, die sich mit den Märchen „Rapunzel", „Die Prinzessin auf der Erbse" und „Hexe Lakritze" beschäftigt hatten.

Zur Eröffnung führte das Theater 1+1 mit Petra Nadolny und Thomas Fiebig aus Wipperfürth Andersens Märchen „Die Prinzessin auf der Erbse" in einer fantasiereich ausgestalteten Interpretation auf. Die Illustratorin Henriette Sauvant, 1967 geboren und in Deutschland ebenso wie in Dänemark aufgewachsen, verzauberte die Kinder mit ihrem 2004 im Carl Hanser Verlag erschienenen Buch „Zaubermärchen". Am Literaturprogramm beteiligten sich folgende Autorinnen und Autoren: Yücel Feyzioglu, 1946 in Kars/Türkei geboren und seit den 1970er Jahren in Herten lebend, mit seinen von der türkischen Tradition geprägten Kinder- und Märchenbüchern; Harald Jüngst, der in den 1980er Jahren seine Liebe zu Irland entdeckte, trug mit „Der Riese Finn McCool und seine listige Frau Una" und „Der Prinz im Pferdeohr" zwei Beispiele aus der großen irischen Märchen- und Sagenwelt vor; der Schauspieler Kai Meister und die Akkordeonspielerin Ute Völker trugen das Märchen „Lili, Flosse und Seeteufel" von Cornelia Funke vor; die 1960 in Goslar geborene Katja Reider, die mehr als 150 Kinderbücher, Erstlesebücher und Jugendbücher veröffentlicht hat, mit „Komm zurück, kleine Meerjungfrau!" (Loewe Verlag 2004) und „König Krümel und die wilden Kerle" (Ellermann Verlag 2005).

Die Märchenerzählerin Ina Niehaus begeisterte die Kinder genauso wie die Geschichtenerzählerin Regina Sommer (*1953). Dank einer Kooperation mit WDR 5 konnten „HörSpiele öffentlich" für Schulklassen in der Bezirksbibliothek Rheinhausen aufgeführt werden: „Die Werkstatt der Schmetterlinge" von Gioconda Belli, „Die Wette, wer zuerst wütend wird" von Italo Calvino und „Der verborgene Schatz" von Paul Maar. Neben der Literaturwerkstatt von EVENTILATOR zum Thema „Gewiß und ungewiß" gab es erstmals in Kooperation mit der Berlitz School Kreativ-Workshops in englischer Sprache.

Unter der Überschrift „Bildung ist notwendig" zog Ulla Saal in einem Kommentar für die „Neue Ruhr Zeitung" eine denkwürdige Bilanz der IKiBu-Woche, in der ein weiterer Aufmarsch von Neonazis in Duisburg stattgefunden hatte: „Bibliotheken gelten oft als Kulturinstitute, aber vor allem sind sie Bildungseinrichtungen (was sich im Übrigen nicht widerspricht). Und eine fundierte Bildung ist zwar keine hundertprozentige Garantie für eine humanistische und demokratische Einstellung, aber sie ist ein guter Nährboden dafür. Auch und gerade deshalb sollten uns unsere Bibliotheken lieb und teuer sein."[43]

89

Um das „Abenteuer lesen" ging es bei der 35. IKiBu vom 23. bis zum 28. Oktober 2006. Felix Scheinberger, der 1969 in Frankfurt am Main geboren wurde, heute in Berlin lebt und seit 2012 als Professor für Design an der Fachhochschule Münster lehrt, ist nicht nur durch seine herausragenden Illustrationen zu Klassikern der modernen Weltliteratur bekannt geworden (Thomas Mann, Max Frisch, Arno Schmidt, Paul Auster). Seit 1999 hat er sich auch immer wieder Kinderbüchern gewidmet. Für die IKiBu malte Scheinberger mit einem lesenden Ritter und einem lesenden Drachen ein traumhaft schönes Plakat, das bis heute als Motiv für den Spaß am Lesen in der Kinder- und Jugendbibliothek wirbt. Scheinberger zeigte in Duisburg Originalillustrationen aus seinen Kinderbüchern und veranstaltete am Eröffnungstag einen Zeichen-Workshop, der helle Begeisterung auslöste. Darüber hinaus wurde in der Zentralbibliothek erneut eine Auswahl von Büchern aus dem Peter Hammer Verlag gezeigt, der in jenem Jahr auf sein 40-jähriges Bestehen zurückblicken konnte. Zur Eröffnung führte das Theater Töfte aus Halle in Westfalen „Die Geschichte vom Doppelmops oder ein O kommt selten allein" auf. Im Mittelpunkt stand ein riesiges Buch, um das sich ein Lese-, Figuren- und Schattenspiel entwickelte – mit Liedern, wunderbaren Geschichten und lustigen Gedichten.

Das insgesamt 70 Lesungen umfassende Literaturprogramm gestalteten die 1952 geborene Schauspielerin, Regisseurin und Schriftstellerin Angelika Bartram mit ihrem Kinderbuch „Lilli oder die Reise zum Wind" (Rowohlt Verlag 2005); die 1963 geborene Kinderbuchautorin Dorothee Haentjes mit dem von Philip Waechter illustrierten „Schaf ahoi" (Ellermann Verlag 1999); die Lektorin und seit 1994 erfolgreiche Berliner Kinder- und Jugendbuchverlegerin Barbara Kindermann (1955–2020) mit der Geschichte von „Wilhelm Tell"; Tina Schulte (*1974) mit dem von ihr illustrierten Kinderbuch „Die Kuh Gloria" von Paul Maar (Oetinger Verlag 2002). Erstmals trugen mehrheitlich Schauspie-

Rainer Besel vom Kindertheater Kreuz & Quer bei der Eröffnung der IKiBu am 23. Oktober 2006

90

Verleihung des Kinderbuch-preises NRW durch Kultur-staatssekretär Hans-Heinrich Grosse-Brockhoff an Dagmar Hildegard Müller

lerinnen und Schauspieler die Geschichten aus bekannten Kinder- und Jugendbüchern vor: Rainer Besel, Peter Dirmeier, Rebecca Engel, Dorothea Gädecke, Kaspar M. Küppers, Kai Meister, Gabrielle Odinis, Silke Roca, Rainer Rudloff, Regina Sommer, Alexander Wipp-recht. In der Literaturwerkstatt mit EVENTILATOR ging es um „Abenteuer Lesen – coole Bücher": Geräusche entschlüsseln, Rätsel lösen, Cover deuten, Hinweise suchen, selbst weiterlesen.

Der nordrhein-westfälische Kulturstaatssekretär Hans-Heinrich Grosse-Brockhoff (*1949) verlieh den Kinderbuchpreis NRW an Dagmar Hildegard Müller für „Die unsichtbare Noa" (Annette Betz Verlag 2005), illustriert von Martina Teisen. Die 1961 in Meschede (Sauer-land) geborene Musik-, Bewegungs- und Wahrnehmungstherapeutin hatte erst 2002 mit „Spinnenspuk um Mitternacht" ihr erstes Kinderbuch veröffentlicht. Den Inhalt ihres aus-gezeichneten Buches führten Schülerinnen und Schüler des Landfermann-Gymnasiums in einem Theaterstück vor Augen, das der Schauspieler Uwe Frisch vom Duisburger Reibe-kuchentheater mit ihnen einstudiert hatte.

Ein umfangreiches Rahmenprogramm, das vom 20. Oktober bis zum 17. November erst-mals angeboten wurde, warb mit insgesamt 80 Vorträgen, Workshops und Seminaren bei Eltern, Erzieherinnen und Erziehern, Grundschullehrerinnen und -lehrern, Vorlesepatinnen und Vorlesepaten für die aktive Förderung von Kindern beim Sprechen und Zuhören, beim Lesen und Schreiben. In Kooperation mit der Entwicklungsgesellschaft Duisburg wurden zudem Stadtteil-Lesefeste organisiert.

Die IKiBu vom 22. bis zum 27. Oktober 2007 erinnerte an den 100. Geburtstag von Astrid Lindgren, die 1999 völlig zu Recht als „Schwedin des [20.] Jahrhunderts" ausgezeichnet worden war. Die Illustratorin Henriette Sauvant hatte für die IKiBu zum Thema „Freund-

schaft trägt die Welt" eigens ein Haus mit einem Buch als Dach und Tieren darin wie auf der Arche Noah gezeichnet. Eine feine Auswahl ihrer ausdrucksstarken Kinderbuchillustrationen war in der Zentralbibliothek zu sehen. Im Rahmen eines Workshops erhielten Kinder im Vorschul- und Grundschulalter von ihr Einblicke in die Kunst der Gestaltung am Beispiel des Kinderbuchklassikers „Der kleine Häwelmann" von Theodor Storm, den Henriette Sauvant 2006 für den Aufbau Verlag neu illustriert hatte. Die Galerie der Bezirksbibliothek Rheinhausen veranstaltete mit Selda Marlin Soganci eine Ausstellung, einen Malworkshop und eine Vorleseaktion für Kinder ab dem 3. Lebensjahr. Die 1973 geborene Illustrationskünstlerin aus Münster hatte das Buch „Weitersagen! Schibu halu matei" (Boje Verlag 2007) von Adelheid Dahimène illustriert und die Originale waren in Rheinhausen zu sehen. Eröffnet wurde die IKiBu mit dem Kinderbuchklassiker „Oh, wie schön ist Panama. Wie der kleine Tiger und der kleine Bär nach Panama reisen" von Janosch aus dem Jahr 1978, inszeniert vom Klecks Theater aus Hannover.

Die in der deutschen Übersetzung im Oetinger Verlag erschienenen Kinderbuchklassiker Astrid Lindgrens wurden von mehreren Schauspielerinnen und Schauspielern gelesen: „Pippi Langstrumpf" (1945–1948, deutsche Übersetzungen 1949–1951), „Wir Kinder aus Bullerbü" (1947–1966, deutsche Übersetzungen 1955–1967), „Karlsson vom Dach" (1955–1968), „Ferien auf Saltkrokan" (1964, deutsche Übersetzung im gleichen Jahr), „Michel aus Lönneberga" (1963–1970), „Madita" (1961 und 1976), „Ronja Räubertochter" (1981). Unter den lesenden Autorinnen und Autoren waren der 1962 in Hamburg geborene Hörspielproduzent und Rundfunkmoderator Ulf Blanck mit seiner beliebten Kinderbuchserie „Die Drei ??? Kids" (Kosmos Verlag seit 1999); Willi Fährmann mit seinem Jugendroman „Unter der Asche die Glut" (Arena Verlag 1997); die 1969 geborene Journalistin und Schriftstellerin Mirjam Müntefering mit „Grubenhunde" (2003), einer span-

„Oh wie schön ist Panama" mit dem Klecks Theater zur Eröffnung der IKiBu

Mirjam Müntefering und Rebecca Engel

nenden Kriminal- und Freundschaftsgeschichte aus dem Ruhrgebiet; Ulli Schubert, 1958 in Hamburg geboren und seit 1991 Autor von Kinder- und Jugendbüchern, mit „Die Kicker-Gang" aus seiner Reihe „Die frechen Fußballfreunde" (Rowohlt Taschenbuch Verlag 2004); Anja Tuckermann mit „Das verschluckte Lachen" (Sauerländer Verlag 2007), der Geschichte von Elli und Sascha, der mit ADHS (Aufmerksamkeitsdefizit, Hyperaktivitäts-störung) zu kämpfen hat.

Die Literaturwerkstatt gestaltete EVENTILATOR zum Thema „Echte Freunde – wahre Kumpels". Die Berlitz School bot unter dem Titel „Best friends" für Schülerinnen und Schüler der Klassen 2 bis 4 einen englischen Kreativ-Workshop zu den Peanuts an. In Kooperation mit der Niederrheinischen Musik- und Kunstschule führten Schülerinnen und Schüler aus Duisburger Grundschulen unter der Leitung von Petra Willig-Jebavy eine musikalische Choreografie zu Antoine de Saint-Exupérys Klassiker „Der kleine Prinz" auf. In Kooperation mit WDR 5 wurden erneut für Schulklassen unterschiedlicher Jahrgangsstufen mehrere Hörspiele in den Bibliotheken aufgeführt und im Anschluss gemeinsam besprochen.

Vom 20. bis zum 25. Oktober 2008 standen unter dem Titel „Ein Fall für dich…!?" Kriminalgeschichten im Mittelpunkt der IKiBu. Das Plakat hatte diesmal Ole Könneke gestaltet. Von ihm wurden in der Zentralbibliothek auch 30 Originalillustrationen zu Kinderbüchern gezeigt. Zudem wurde Könneke für sein Bilderbuch „Anton und die Blätter" (Hanser Verlag 2007) im Rahmen der IKiBu von Kulturstaatssekretär Grosse-Brockhoff mit dem Kinderbuchpreis NRW ausgezeichnet. Die Geschichte wurde von Schülern der 3. Klasse an der Gemeinschaftsgrundschule Krefelder Straße auf die Bühne gebracht – inszeniert von Anja Klein vom Duisburger Reibekuchentheater. Darüber hinaus waren in der Zentralbibliothek Originalzeichnungen, Skizzen und Skizzenbücher zu Könneckes erstem Buch zu sehen: „Lola und die Piraten. Eine Sommergeschichte" (Oetinger Verlag 1990). Zur Eröffnung bereitete das Theater Don Kid'schote aus Münster den Kindern mit ihrem Stück „Babilu und die Buchstabenbande" eine große Freude. Darin gab es einen „Wörter-See", einen „Fragezeichen-Tunnel" und ein „Buchstaben-Gebirge" zu entdecken.

Mit Lesungen zu Gast waren Angela Gerrits aus Hamburg mit ihrem Krimi für Jugendliche „Foulspiel" (Carlsen Verlag 2007); Fabian Lenk, 1963 geboren, ursprünglich Reporter, seit 1996 Autor von Romanen für Erwachsene und seit 2001 auch Kinder- und Jugendbuchautor, mit seiner Serie „Zeitdetektive"; der 1965 in Hilden geborene Oliver Pautsch mit seinen im Thienemann Verlag veröffentlichten Kriminalromanen „Mordgedanken" (2004), „Sie kriegen dich" (2005) und „Verloren im Netz" (2006); die 1938 in Nürnberg geborene Kinderbuchautorin Ursel Scheffler mit ihrer seit 1982 erscheinenden Kinderbuchreihe „Kommissar Kugelblitz". Der 1977 geborene Kinderbuchillustrator Alexander Steffensmeier, der im Carlsen Verlag zahlreiche Bücher begleitet hat, gab einen Einblick in seine Zeichenwerkstatt am Beispiel des Buchs „Lieselotte sucht einen Schatz" (Verlag Sauerländer 2009). Bekannte Schauspieler lasen Klassiker der Kriminalliteratur für Kinder und Jugendliche: „Emil und die Detektive" (1929) von Erich Kästner (1899–1974); „Nick Nase, der große Detektiv" (1972) von Marjorie Weinman Shermat (1928–2019), aus dem Amerikanischen übersetzt von Friedbert Stohner, mit den Illustrationen von Detlef Kersten; „Der Räuber Hotzenplotz" von Otfried Preußler (1962), „Detektiv John Chatterton" (1993, deutsche Übersetzung im Moritz Verlag 1994) des 1946 in Vichy geborenen französischen Kinder- und Jugendbuchautors Yvan Pommaux.

Ole Könneke liest aus seinem mit dem Kinder-buchpreis NRW ausgezeichneten Kinderbuch „Anton und die Blätter"

In der Bezirksbibliothek Buchholz wurden Krimis vorgestellt, die Schülerinnen und Schüler der 3. und 4. Klassen der Grundschule Hermann-Grothe-Straße selbst geschrieben und illustriert hatten. Der Duisburger Liedermacher Helmut Meier spielte und sang mit den Kindern im Rahmen seines Programms „Berti, der Detektiv". EVENTILATOR gestaltete diesmal eine interaktive Literaturwerkstatt zum Thema „Detektive, Gangsterjäger und andere Krimihelden". Besondere Veranstaltungsorte waren die Polizeiwachen im Stadtgebiet und das Polizeipräsidium im Stadtzentrum, in denen die Polizei den Kindern jeweils Einblicke in ihre Arbeit gab. Eine weitere Besonderheit war das „IKiBu-Quiz" für Nachwuchs-Detektive und Krimifans. Während der Veranstaltungswoche lagen Fragebögen aus, bei deren richtiger Beantwortung Prämien zu gewinnen waren.

Seit 2009 konzentriert sich das IKiBu-Programm in enger Absprache mit den Kindergärten und Grundschulen vor allem auf die rund 70 Veranstaltungen im Vormittagsbereich mit Kinderbuchautor/innen, Kinderbuchillustrator/rinnen, Schauspielerinnen und Schauspielern. Vom 16. bis zum 21. November 2009 hieß es: „IKiBu …will es wissen! Erfinden, Entdecken, Experimentieren". Das Plakat zu diesem naturwissenschaftlichen Thema hatte Alexander Steffensmeier gestaltet. Dessen Illustrationskunst waren auch die Ausstellungen in der Zentralbibliothek und in der Galerie der Bezirksbibliothek Rheinhausen gewidmet. Zum Start präsentierte Andreas Korn-Müller alias Magic Andy eine Experimentalshow, die Wissenschaft mit Unterhaltung verband.

Insgesamt konnten 80 Lesungen angeboten werden. Der 1951 in Gelsenkirchen geborene Schriftsteller und TV-Autor Gerd Ruebenstrunk stellte seinen Ratekrimi „Explosion in der Motorenhalle" (Loewe Verlag 2008) vor, in dem der Sohn des Erfinders Rudolf Diesel (1858– 1913) zusammen mit seinen Freunden ein spannendes Abenteuer erlebt. Boris Culik, Mee-

resbiologe, Pinguin-Spezialist und einer der Autoren der beliebten Sachbuchreihe „Was ist Was", erzählte von seinen Forschungsreisen an den Südpol. In und mit ihrem Sachbuch „Knallraketen und Gummigeister" erklärte Ute Hänsler, was man mit Chemie alles anfangen kann – veranschaulicht mit Experimenten während ihres Vortrags. Joachim Hecker führte in seiner „Hexenküche" vor, wie Geldscheine lodern, Wunderkerzen unter Wasser brennen oder Joghurtbecher schrumpfen können. Christian Tielmann eröffnete mit „Monster" ein

großes Forschungsfeld für die Fantasie der Kinder: Fabelwesen, Dinosaurier, Drachen, Werwölfe, Nessi u.v.a.m. Der Kinderbuchautor Thilo (d.i. Thilo Petry-Lassak) las aus seinem Buch „Verrat bei den Wikingern" (Loewe Verlag 2007). Silke Roca erinnerte mit ihrer Lesung aus dem Buch „Anschlag auf die Buchwerkstatt" an die Erfindung der Buchdruckkunst durch Johannes Gutenberg und Peter G. Dirmeier lüftete „Das Geheimnis der Dracheninsel" von Michael Rothballer (2009). Maja Nielsen, 1964 in Hamburg geboren und mit der Sachbuch-

*Joachim Hecker
zu Gast
mit seiner
„Hexenküche"*

*Kinder
experimentieren
auf der
„Miniphänomenta"*

reihe „Abenteuer! Maja Nielsen erzählt" (Gerstenberg Verlag) erfolgreich, stellte ihre beiden Neuerscheinungen vor: „Charles Darwin – Ein Forscher verändert die Welt" und „James Cook – Die Suche nach dem Paradies". Auch was wir den Entdeckungsreisen Alexander von Humboldts (1769–1859) alles zu verdanken haben, war bei den Lesungen zu erfahren. Während der IKiBu war in der ersten Etage der Zentralbibliothek die „Miniphänomenta" aufgebaut. Die Ausstellung demonstrierte an 20 Stationen physikalische Phänomene und bot Kindern die Gelegenheit, selbst zu experimentieren. In der Bezirksbibliothek Buchholz forschten Drittklässler der Katholischen Grundschule Böhmerstraße zum Thema „Sehen – Riechen – Schmecken". Bei einem Besuch in der Feuerwache Homberg konnten Kinder entdecken, wie die Feuerwehr arbeitet und zum Wohle der Menschen in Duisburg funktioniert. Dazu gab es auch eine Lesung von Uwe Krauss aus seinem Sachbuch „Wer rennt, wenn's brennt" aus der Reihe „Willi will's wissen". In den Bezirksbibliotheken Walsum, Hamborn und Meiderich konnten die Kinder sich mit Feuerwehrmännern über ihren Beruf und ihre Erfahrungen im Alltag unterhalten.

Eine besondere und einmalige Aktion war die Verteilung von 150 Exemplaren des Buches „Arthur und die vergessenen Bücher" von Gerd Ruebenstrunk, die die Münchner arsEdition gespendet hatte. Die Bücher wurden eingehüllt in eine durchsichtige Plastiktüte in Bussen und Bahnen im gesamten Stadtgebiet ausgelegt. Wer wollte, konnte auf einer beigegebenen Postkarte dem Verlag ein schriftliches Feedback zum Buch geben. In 26 Kindertageseinrichtungen im gesamten Stadtgebiet fanden insgesamt 35 Elternseminare statt, in denen die Bedeutung des Vorlesens und des Lesens für die Sprach-, Schreib- und Ausdrucksfähigkeiten von Kindern verdeutlicht und mit konkreten Hilfestellungen vermittelt wurde. Die gute Tradition der interaktiven Literatur-Werkstätten mit EVENTILATOR (diesmal zu Tiefseefischen und anderen exotischen Tierarten) und der erfolgreichen „Stadtteil-Lesefeste" in Kooperation mit der EG DU wurden in der Internationalen Kinderbücherei CaKaDu in Hochfeld und in der Stadtteilbibliothek Beeck fortgesetzt.

2010 blieb die IKiBu auf ein stark eingeschränktes Programm mit 60 Lesungen für Kindergärten und Schulen begrenzt, um die Sprach- und Leseförderung nicht ganz einstellen zu müssen. Im Rahmen der Woche vom 15. bis zum 19. November konnten erstmals in der Geschichte der IKiBu keine Ausstellungen, kein für Kinder in Begleitung von Erwachsenen zugängliches Programm im Nachmittagsbereich und auch kein Aktionstag in den Bibliotheken am Samstag angeboten werden. Der damalige Oberbürgermeister Adolf Sauerland (CDU) und sein Kämmerer Peter Langner (SPD) hatten den vom Rat beschlossenen Etat in Höhe von 33.000 € nicht freigegeben – unter Hinweis auf die „Freiwilligkeit" des Angebots und die strengen Vorgaben der Bezirksregierung in Düsseldorf. Erst Anfang September stand – nach öffentlichen Protesten – dann doch noch ein kleiner Etat zur Verfügung. Ein politisches Trauerspiel, denn im gleichen Jahr beteiligte sich Duisburg an der Europäischen Kulturhauptstadt Ruhr, zu deren umfangreichem und kostspieligen Programm auch die Loveparade mit der Tragödie vom 24. Juli gehörte! Zur Eröffnung der „kleinen IKiBu" gestaltete der Duisburger Illustrationskünstler Martin Schmitz von „Konzept Freude" mit Schülerinnen und Schülern der Gemeinschaftsgrundschule Beethovenstraße mit bunten Wachsmalstiften Papierbilder rund um die Heldin seines Buches: die Schildkröte Paul. Gewohnt unterhaltsam und anregend las Silke Roca für Kinder des 3. Schuljahrs aus „Hexe Lilli. Der Drache und das magische Buch" von Knister (Arena Verlag 2008) und Peter G. Dirmeier für Fünftklässler aus „Der Drache in der Schultasche" von Bruce Coville (deutsche Übersetzung von Petra Wiese, Ravensburger Buchverlag 2005). Die 1943 in Ungarn geborene Kinder- und Jugendbuchautorin Nortrud Boge-Erli, die von 1972 bis 1978 in Rhein-

hausen gelebt hatte, sprach mit den Kindern über ihren Roman „Fight ohne Regeln" (Verlag Sauerländer 2008). Der Duisburger Kinderbuchautor Mustafa Cebe las nicht nur aus seinen Büchern „Schneeball" (2009) und „Buzcan, der kleine Drache" (2007), sondern sang auch mit den Kindern der 1. Klasse der Grundschule Klosterstraße, begleitet von dem Gitarristen Ercan Karahan.

Die IKiBu vom 21. bis zum 26. November 2011 stellte Duisburg ins Zentrum der Veranstaltungen – die Stadt, in der das Literaturfestival für Kinder vierzig Jahre zuvor erfunden worden war. Das Plakat mit den lesenden Vögeln auf einem Seil über der Silhouette der Stadt hatte Felix Scheinberger gestaltet. Ausstellungen, Lesungen, Theateraufführungen, Kreativwerkstätten vermittelten die vielen Facetten der Geschichte und Gegenwart der Stadt an Ruhr und Rhein. Die Zentralbibliothek zeigte im Treppenhaus Originalillustrationen von Anke Faust aus drei Bilderbüchern: „Applaus für Caruso" von Anne Maar (Tulipan Verlag 2009), „Ein Schaf fürs Leben" von Maritgen Matter (Oetinger Verlag 2003) und „Der tätowierte Hund" von Paul Maar (Oetinger Verlag 2007). Die Kinder konnten auch einen Illustrations-Workshop mit der Künstlerin besuchen. In der Bezirksbibliothek Buchholz wurden die Mal- und Bastelarbeiten von Viertklässlern zum Thema „Du in Duisburg" ausgestellt. Die Lesungen fanden nicht nur in den Bibliotheken, sondern auch an außergewöhnlichen Orten statt. Gerd Ruebenstrunk las aus seinem Buch „Arthur und die Stadt ohne Namen" (Arena Verlag 2011) auf dem Gelände des Hüttenwerks Krupp-Mannesmann in Hüttenheim. Weitere Orte waren das Museum der Deutschen Binnenschifffahrt in Ruhrort, die große Moschee in Marxloh und der Wasserturm in Hochfeld. Willi Fährmann las aus „Feuer des Prometheus" (Arena Verlag 2001). Die Schauspielerin Silke Roca las „114 Geschichten zum Lachen und Staunen" der Duisburger Autorin Ursula Wölfel (2003) und der Schau-

Zeichnen als Leidenschaft: Felix Scheinberger

spieler Peter G. Dirmeier las „Milchkaffee und Streuselkuchen" von Carolin Philipps (Carlsen Verlag 2008). Rebekka Engel trug die Geschichte „Der kleine Prinz" von Antoine de Saint-Exupéry vor. Der Duisburger Autor Mustafa Cebe erzählte den Kindern in deutscher und in türkischer Sprache märchenhafte Geschichten aus seinem Buch „Schneeball", unterstützt vom Liedermacher Stefan Biergans. Harald Jüngst brachte „Schelme aus aller Welt" nach Duisburg. Carolin Weber erinnerte an die „Vorstadtkrokodile", den zweimal verfilmten Kinderbuchklassiker von Max von der Grün aus dem Jahr 1977. Jan Gerken und Frank Sommer vermittelten in ihrer Literaturwerkstatt neue Seiten an Duisburg, die es zu entdecken lohnt. Neben Lesefesten in den Stadtteilen Hochfeld, Bruckhausen und Beeck, die in Kooperation mit der Entwicklungsgesellschaft Duisburg organisiert und realisiert werden konnten, gab es zum Abschluss wieder einen Aktionstag in der Zentralbibliothek und in allen Bezirksbibliotheken.

Dank der Kooperation mit dem Konfuzius-Institut Metropole Ruhr an der Universität Duisburg-Essen konnten vom 19. bis zum 24. November 2012 zahlreiche Veranstaltungen zum Schwerpunkt „China" angeboten werden. Die Berliner Illustratorin Christa Unzner, 1958 geboren und durch mehr als 150 von ihr illustrierte Bücher für Kinder und Erwachsene bekannt geworden, hatte dazu ein farbenfrohes Plakat gezeichnet: mit vielen Kindern und ihren Drachen im Herbstwind – passend zum damaligen chinesischen „Jahr des Drachen". Eine Ausstellung mit ihren Illustrationen zum Kinderbuch „Das blaue Monster" von Ingrid Ostheeren (Findling Buchverlag 2003) war in der Galerie der Bezirksbibliothek Rheinhausen zu sehen. Schülerinnen und Schüler der Grundschule Krefelder Straße konnten mit Christa Unzner vor Ort im Rahmen eines Workshops die Kunst der Illustration näher kennenlernen. In der Bezirksbibliothek Meiderich wurde die Ausstellung „Kindliche Erfahrungen mit

Verleihung des Kinderbuch-preises NRW an Antje Damm 2012

China" gezeigt, die von den Kindern der Gemeinschaftsgrundschule Bergstraße in Unter-meiderich gestaltet worden war.

Eine wunderbare Einführung in die chinesische Geschichte, in Erfindungen wie Papier, Por-zellan, Kompass oder Schwarzpulver, in das chinesische Horoskop der Tierkreiszeichen und die chinesische Schrift als Zeichensprache, in die Esskultur u.v.a.m. gab der Berliner Künstler Jan Gerken. Der Sachbuchautor Harald Parigger widmete sich dem bemerkens-werten Leben des Entdeckers Marco Polo (1254-1324), der bereits im 13. Jahrhundert China bereist hatte. Marie-Thérèse Schins erzählte Geschichten aus ihrem Buch „Hühner-krallen und Glücksstäbchen. Eine Reise durch China" (Verlag Sauerländer 2009). Harald Jüngst und Christiane Willms machten die Kinder mit chinesischen Märchen bekannt. Kathrin Sievers vom Wolfgang Borchert Theater Münster, die an der Universität Heidelberg Sinologie studiert hat, bot eine Theaterwerkstatt mit ihrem Stück „Die große weite Reise des kleinen runden Ching Ping Mei / Die große weite Reise des kleinen runden Hu Dong-ning" an.

Zum letzten Mal wurde im Rahmen der IKiBu der mit 5.000 € dotierte Kinderbuchpreis NRW verliehen. Der Preis ging an die 1965 in Wiesbaden geborene Kinderbuchautorin und Illustratorin Antje Damm für „Hasenbrote" (Moritz Verlag 2012), eine liebevolle Erin-nerung an eigene Kindheitstage. 30 Drittklässler der Grundschule Krefelder Straße gestal-teten das Buch auf der Bühne des Vortragssaals der Zentralbibliothek fantasievoll und engagiert aus.

Der Aktionstag zum Abschluss der Festivalwoche am Samstag ermöglichte die Begegnung mit der chinesischen Sprache und Kultur, mit Essgewohnheiten, Sportarten u.v.a.m. Prof. Xu Kuanhua und Anna Xiulan Zeeck vom Konfuzius-Institut Metropole Ruhr gestal-teten Kalligrafie-Workshops. Auch andere Kreativwerkstätten standen ganz im Zeichen Chinas. Das Kölner Kindertheater Mimosen entführte die Kinder mit „Tim & Jane und das Geheimnis der Chinesischen Mauer" ebenso ins ferne China wie das Theater „Die Kompli-zen" mit „Jim Knopf und Lukas der Lokomotivführer".

Vom 18. bis zum 23. November 2013 folgte eine IKiBu mit dem Schwerpunkt „USA. DU entdeck(s)t Amerika". Das Plakatmotiv war von Daniel Napp gestaltet worden. Der 1974 geborene Illustrator und Kinderbuchautor hatte nach seinem Design-Studium in Münster von 1996 bis 2002 zunächst für Schulbuchverlage gearbeitet, bevor er mehr als 100 Kin-derbücher illustrierte, darunter zahlreiche Klassiker der Kinderbuchliteratur. Auf dem IKiBu-Plakat zu entdecken war der liebenswert unbeholfene Bär „Dr. Brumm" (Held einer Kinderbuchreihe von Daniel Napp) als Freiheitsstatue und sein Goldfisch-Freund mit dem Namen Pottwal. In der Zentralbibliothek wurden 20 wunderschöne Originalillustrationen zu Otfried Preußlers „Der kleine Wassermann, Frühling im Mühlenweiher" (Erstausgabe 1956, Neuedition im Thienemann Verlag 2013) gezeigt. In der Galerie der Bezirksbibliothek Rheinhausen waren weitere 20 Originalillustrationen aus den „Dr. Brumm"-Bilderbüchern (Thienemann Verlag seit 2006) zu sehen. Der Künstler selbst gab Einblicke in seine Arbeit im Rahmen von Workshops für Schülerinnen und Schüler der Duisburger Grundschulen.

Peter G. Dirmeier und Silke Roca lesen mit verteilten Rollen

Neben Daniel Napp war auch die Kinderbuchillustratorin Julia Kaergel zu Gast. Sie stellte den Kindern das von ihr illustrierte Buch „Lotte in New York" von Doris Dörrie (1999) vor. Zu Lesungen kamen: Anke Bär mit „Wilhelms Reise. Eine Auswanderergeschichte" (Gerstenberg Verlag 2012), in der sich ein Junge aus armen Lebensverhältnissen in einem Dorf 1872 mit dem Segelschiff Columbia auf den Weg von Bremerhaven nach Amerika macht; die 1944 in Ostpreußen geborene Kinder- und Jugendbuchautorin Dagmar Chidolue mit „Millie in Hollywood" (Dressler Verlag 2007) und „Millie in New York (Oetinger Verlag 2012); Willi Fährmann mit „Der lange Weg des Lukas B." (Arena Verlag 2012), in dem die Geschichte des jungen Lukas Bienmann erzählt wird, der 1870 mit seinem Großvater nach Amerika aufbricht; Oliver Pautsch mit seinem Rätselkrimi „Drachenjagd am Höllenfluß. Geheimakte T-Rex" (Arena Verlag 2013); die Autorin von Kindersachbüchern Susanne Rebscher (*1966) mit „USA. Lesen Staunen Wissen", illustriert von Hans Baltzer (Gerstenberg Verlag 2011); Gerd Ruebenstrunk mit dem spannenden Science fiction-Jugendroman „Rebellen der Ewigkeit" (arsEdition 2012). Die 20-jährige US-Amerikanerin Carina Maravilla, die damals als Au-pair-Mädchen in Deutschland lebte, las den Kindern in der Bezirksbibliothek Buchholz aus amerikanischen Kinderbüchern in Deutsch und in Englisch vor. Die Stadtteil-Lesefeste fanden wieder in der Internationalen Kinderbücherei CaKaDu in Hochfeld und in der Stadtteilbibliothek Beeck statt.

Zur Eröffnung führte Uwe Frisch vom Duisburger Reibekuchentheater das Stück „Pampelone – zwischen zwei Welten" auf. Darin gehen die beiden Protagonisten, von denen der eine eigentlich nur in Ruhe ein Buch lesen und der andere unbedingt Schlagzeug spielen möchte, auf Entdeckungsreise auf den Spuren von Christoph Columbus. Das Musikprogramm zum aktiven Mitmachen gestalteten Fredrik Vahle mit seinen Liedern und Geschichten unter der Überschrift „Der Cowboy Jim und Coffeepot-Mary-Ann" sowie Buddy Ollie

Das Reibe-kuchentheater eröffnet mit „Pampelone – zwischen zwei Welten" die IKiBu am 18. November 2013

(d.i. Marc Oliver Höh), der die Kinder auf eine Reise ins Land der Helden, Weltraumfahrer und Indianer mitnahm. Am Aktionstag in der Zentralbibliothek konnten die Kinder neben Kreativwerkstätten und Bilderbuchkinos amerikanische Snacks kennenlernen. Eine Live-Hörspielwerkstatt von Till und Nils Beckmann war dem Klassiker „Wo die wilden Kerle wohnen" von Maurice Sendak (deutsche Übersetzung von Claudia Schmölders 1967) gewidmet. Wilma Osuji erzählte indianische Märchen aus dem Tipi. Der Rock ʼnʼ Roll Club Golden Fifties Duisburg e.V. präsentierte sich mit Tanzpaaren im Alter von fünf bis zehn Jahren und die 1. ASC Duisburg Dockers demonstrierten die von ihnen gepflegten Sport-arten (u.a. Baseball). Das Theater Kreuz & Quer aus Duisburg brachte mit Tom Teuer und Rainer Besel die amerikanischen Komik-Klassiker „Dick & Doof" zum großen Vergnügen der Kinder auf die Bühne.

2014 wurden im Rahmen der IKiBu „Helden gesucht!". Vom 17. bis zum 21. November waren in der Galerie der Bezirksbibliothek Rheinhausen Originalillustrationen von Tobias Krejtschi zu sehen: aus seinen eigenen Büchern „Die Nacht der Trommler" (Peter Hammer Verlag 2008), „Wie der Kiwi seine Flügel verlor" (Peter Hammer Verlag 2010), „Wipfelwärts und Wurzelwärts" (Peter Hammer Verlag 2012) sowie zu Theodor Fontanes Ballade „John Maynard" aus dem Jahr 1886, die Krejtschi 2008 für die Reihe „Poesie für Kinder" des Kindermann Verlags neu illustriert hatte. Der 1980 in Dresden geborene Künstler hatte das Plakat gestaltet und bot eine Schüler-Werkstatt zu unterschiedlichen Techniken der Illustration an. In der Bezirksbibliothek Buchholz präsentierten Schülerinnen und Schüler im Alter von sechs bis zehn Jahren aus den Bären- und Löwenklassen 2 bis 4 der privaten bilingualen Sternenschule Bilder und Collagen zum Thema „Helden gesucht und gefun-den", lasen Geschichten und schrieben eigene Texte.

Das umfangreiche Literaturprogramm gestalteten: Frank Sommer mit seiner Literatur-Werkstatt zum Thema „Heldenhaft: Was heißt das denn?"; Yücel Feyzioglu mit interkulturellen Lesungen für Schulklassen mit einem hohen Migrantenanteil; der 1957 in Göttingen geborene Zukunftsforscher, Reise-, Krimi- und Kinderbuchautor Bernd Flessner mit seinen Sachbüchern zu legendären Helden wie Herakles, König Artus, Rosa Parks und Nelson Mandela; der Essener Schauspieler Ralf Gottesleben las aus „Odysseus, listenreich und unbeirrt" (Moritz Verlag 2011) des französischen Kinder- und Jugendbuchautors Yvan Pommaux; Harald Jüngst trug Heldengeschichten aus aller Welt vor; die Schauspieler Peter G. Dirmeier und Silke Roca; der 1981 geborene Bilderbuchautor und Illustrator Torben Kuhlmann aus Hamburg mit „Lindbergh. Die abenteuerliche Geschichte einer fliegenden Maus" (NordSüd Verlag 2014); die Märchenerzählerin Ina Niehaus; der Hamburger Kinder- und Jugendbuchautor Ulli Schubert (*1958) mit seiner beliebten Buchreihe „Fußballschule" (Rowohlt Verlag); der Kinderbuchautor THILO aus Brilon, der seit 2003 350 spannende, lehrreiche, unterhaltsame Bücher mit einer Auflage von mehr als 5 Millionen zum Einstieg ins Lesen veröffentlicht hat; die Lesebotschafterin der Stiftung Lesen Sabine Zett aus Dinslaken mit ihrer Buchreihe „Die Fußballkracher" (Arena Verlag).

Wie in den Vorjahren gab es im Nachmittagsprogramm zahlreiche Aufführungen von Kindertheatern, Zauberkunststücke von Jan Gerken, Kreativwerkstätten und Bilderbuchkinos.

2015 konnte die IKiBu vom 9. bis zum 13. November erstmals in der am 14. Juli eröffneten neuen Zentralbibliothek stattfinden. Die Kinder- und Jugendbibliothek, die in der ersten Etage auf 1.000 qm untergebracht ist und sich durch ein innovatives Ausstattungskonzept auszeichnet, bot dafür einen wunderbaren Rahmen. Diesmal hieß es: „Kultur … echt cool!" In der Zentralbibliothek und in der Galerie der Bezirksbibliothek Rheinhausen wurden

Anke Scholz vom Artisjok Theater bei der Aufführung von „Max und Moritz" zur Eröffnung der IKiBu am 9. November 2015 in der neuen Zentralbibliothek

Ein Ensemble der Duisburger Philharmoniker erzählt Geschichten und lädt Kinder zum Dirigieren ein

Originalillustrationen aus dem umfangreichen Werk der renommierten Hamburger Illustratorin Julia Kaergel gezeigt, darunter 20 Originalillustrationen zu den Büchern von Doris Dörrie „Mimi" (Diogenes Verlag 2002), „Mimi und Mozart" (Diogenes Verlag 2006) und „Lotte langweilt sich" (Diogenes Verlag 2009). Von Julia Kaergel stammte auch das Plakatmotiv, das Kinder auf einem fliegenden Teppich die kulturellen Sehenswürdigkeiten dieser Welt entdecken lässt. Dazu passend präsentierten Schülerinnen und Schüler der vierten Klassen der Gemeinschaftsgrundschule Böhmer Straße die Ergebnisse ihrer künstlerischen Spurensuche zum Thema „Kultur auf Reisen" in der Bezirksbibliothek Buchholz. Zur Eröffnung im Veranstaltungsbereich der Zentralbibliothek spielte das „Artisjok Theater" mit Anke Scholz als Solodarstellerin den Kinderbuchklassiker „Max und Moritz" von Wilhelm Busch aus dem Jahr 1865. Darüber hinaus konnten Kinder mit dem „Figurentheater Künster" „Die Zauberflöte" nach Wolfgang Amadeus Mozart, mit dem Bochumer „Na und Theater" von Sabine Jäckel das Marionettentheaterstück „Glück für den Pechvogel", mit der Verlegerin Barbara Kindermann Schillers Drama „Wilhelm Tell", mit dem Verleger Hermann Schulz die Weite Afrikas und seiner Kultur sowie mit einem Ensemble der Duisburger Philharmoniker in historischen Kostümen die Schönheit der Barockmusik entdecken, wobei Kinder teilweise selbst dirigieren durften. Die Schreibwerkstätten leitete die 1972 in Duisburg geborene Autorin Lütfiye Güzel, die 2014 mit dem Fakir-Baykurt-Preis der Stadt Duisburg und 2017 mit dem Literaturpreis Ruhr ausgezeichnet wurde. Weitere Gäste waren: die Illustratorinnen Julia Kaergel und Anke Faust; die 1969 in Istanbul geborene Aygen-Sibel Çelik, die seit 1971 in Deutschland lebt und 2007 eine erfolgreiche Karriere als Kinder- und Jugendbuchautorin mit interkulturellen Themen startete; die Rundfunkmoderatorin Birgit Hasselbusch, 1969 in Hamburg geboren, mit ihrer beliebten Mädchenbuch-Reihe „Pink!"; Oliver Pautsch; die 1967 in München geborene Kinderbuch-

Die Verlegerin Barbara Kindermann stellt Kindern „Wilhelm Tell" von Friedrich Schiller vor

Anke Faust gibt einen Einblick in ihre Illustrations-Werkstatt

autorin Christine Paxmann, die ihr in der Reihe „Was ist Was" erschienenes Sachbuch „Tanz. Immer im Takt" vorstellte; die Schauspieler Peter G. Dirmeier und Silke Roca; der afrikanische Musiker Joe Kiki.

„Robbi, Tobbi und das Fliewatüüt" mit Stefan und Virginia Maatz vom Theater Con Cuore anlässlich der Eröffnung der IKiBu am 21. November 2016

Die 45. IKiBu vom 21. bis zum 26. November 2016 entschwebte in den „Weltraum". Auf dem Plakat bewegte sich ein lesendes Urmel nicht durch das Eis wie in dem Kinderbuch von Max Kruse aus dem Jahr 1969, sondern in einem Raumfahrtanzug und mit einer Rakete durch das All. Die Idee dazu hatte Günther Jacobs, 1971 geboren, der nach einem Design-Studium an der Fachhochschule Münster seit 2004 als Illustrator von Bilder- und Märchenbüchern große Anerkennung gefunden hat. In der Zentralbibliothek, in der Bezirksbibliothek Rheinhausen und in der Bezirksbibliothek Hamborn wurde eine Auswahl seiner Illustrationen gezeigt: zu Klassikern der Kinderliteratur, u.a. Max Kruses zwölf Urmel-Büchern (seit 2011 für den Thienemann Verlag, 2014 mit „Urmel fliegt zum Mond" besonders passend für die IKiBu) oder „Nils Holgersson" von Selma Lagerlöf (Coppenrath Verlag 2014) sowie zu Kinder- und Jugendsachbüchern. Unter der Überschrift „Die Reise der Sternschüler ins Weltall" präsentierten Schülerinnen und Schüler der 3. und 4. Klasse der Sternenschule Hüttenheim in der Bezirksbibliothek Buchholz gemalte Bilder, Collagen, Plakate und Gedichte. Auch in der Bezirksbibliothek Meiderich wurden Arbeiten von Schülerinnen und Schülern gezeigt. Unter der Überschrift „Von Fantasie und Wissen" hatten sich Kinder der 3. Klasse der Gemeinschaftsgrundschule Zoppenbrückstraße ihre eigenen Gedanken zum Weltall gemacht.

Zur Eröffnung führte das Figuren- und Puppen-Theater „Con Cuore" mit Stefan und Virginia Maatz den zeitlosen Kinderbuchklassiker „Robbi, Tobbi und das Fliewatüüt" auf (den übrigens Günther Jacobs bereits 2009 für den Thienemann Verlag neu illustriert hatte). Ein anderer Klassiker, „Der kleine Häwelmann" von Theodor Storm, war in der Inszenierung des Figurentheaters „Seifenblasen" mit Christian Schweiger zu sehen. In der Rudolf-Römer-Sternwarte im Krupp-Gymnasium Rheinhausen konnten Kinder ab 10 Jahren bei dem Vortrag „Im Licht der Sterne lebt der Mensch" von Rolf Hembach einen Ausflug in unser

Nii Annan Odametey und die Musik-Gruppe ADESA mit afrikanischen Tiermärchen auf der IKiBu 2017

Sonnensystem unternehmen. „So schlau macht Spaß", hieß es bei einer Experimentier-werkstatt im EXPLORADO-Kindermuseum am Innenhafen, die der Sachbuchautor Manfred Baur zusammengestellt hatte. Im Rahmen des Literaturprogramms mit 70 Lesungen, die zum Teil in Kindertageseinrichtungen stattfanden, waren auch Katrin Hahnemann, Ulf K., Fabian Lenk, Volker Präkelt, Frank Sommer mit EVENTILATOR und Jochen Till zu Gast.

Der nach einer zweijährigen Pause erstmals wieder angebotene Aktionstag am Samstag in der Zentralbibliothek bot neben Schmink-, Mal- und Bastelwerkstätten „Spiele außer Raum und Zeit", die der Duisburger Spielwarenhändler Boris Roskothen mitgebracht hatte. Die Filmothek der Jugend NRW hatte eine „Galaktische Trickfilmwerkstatt" aufgebaut: Kinder im Alter von sechs bis acht Jahren konnten eine Trickbox kennenlernen, Kinder von acht bis zehn Jahren ihre Trickfilme mithilfe von Smartphones und Tablets erstellen. Kristina Mohr von der „Saxofool Mitmach-Show" führte als Clownin „Lotte's himmlicher Zirkus" auf. Zum Abschluss waren von einem Blechbläser-Ensemble der Duisburger Philharmoniker unter dem Titel „Sonne, Mond und Sterne, auf den Spuren von Luke Skywalker" Melodien aus den unendlichen Weiten der Musik zu hören.

Nach Europa, China und den USA stand 2017 die IKiBu ganz im Zeichen Afrikas. Vom 20. bis zum 25. November konnten die Kinder in rund 100 Veranstaltungen die zahlreichen Facetten des großartigen Kontinents entdecken, der aus 54 Ländern mit mehr als 2.000 unterschiedlichen Sprachen besteht und vom südlichsten Punkt Europas nur 14 Kilometer entfernt liegt. Gleich zur Eröffnung gab es eine „Afrikanische Clownsshow" mit der Gruppe ADESA, die nicht nur die anwesenden 100 Kinder aus drei Duisburger Grundschulen und aus einer Kindertageseinrichtung, sondern auch alle erwachsenen Zuschauer begeisterte.

120

Die „Emasi = Maskenmänner", wie sie in ihrer Heimat Ghana genannt werden, trommelten, sangen, tanzten, jonglierten und spielten Geschichten aus dem Alltagsleben eines afrikanischen Dorfes – akrobatisch, spannend, komisch, mitreißend und in ihren bunten Kleidern wunderschön anzusehen.

Hinreißend schön war auch das Plakatmotiv, das von Susanne Smajic gestaltet worden war. Es brachte die Tiere Afrikas zu einer Lektürestunde in der Savanne zusammen: das Nilpferd als Vorleser mit den aufmerksamen Zuhörern Erdmännchen (auf dem Bauch des Nilpferds), Elefant, Löwe, Giraffe, Zebra, Strauß und einem Nashorn, das den Büchernachschub auf seinen Hörnern anliefert. Die 1972 in München geborene Künstlerin, die von 1993 bis 1999 in Halle an der Saale und in Münster Druckgrafik und Design studierte, arbeitet seit 2000 als freiberufliche Kinderbuchillustratorin mit einem eigenen Atelier in Konstanz. Eine Auswahl ihrer farbenfrohen und ausdrucksstarken Originalillustrationen war in der Zentralbibliothek sowie in den Bezirksbibliotheken Rheinhausen und Hamborn zu sehen. Die Bezirksbibliothek Buchholz zeigte Arbeiten, die im Rahmen eines Projekts mit den vierten Klassen der Gemeinschaftsgrundschule Wanheim entstanden waren. Die Schülerinnen und Schüler hatten sich im Kunst- und Sachkundeunterricht lesend, malend, bastelnd mit den Licht- und Schattenseiten Afrikas beschäftigt.

Bei den Lesungen für Schulen im Vormittagsprogramm konnten die Kinder mit Dagmar Chidolue die Sprache und Kultur Afrikas entdecken, mit Harald Jüngst und dem ghanaischen Percussions-Künstler Nii Annan Odametey afrikanische Tiermärchen erleben, mit der Sachbuchautorin Susanne Rebscher eine Zeitreise ins alte Ägypten unternehmen, von dem in Tansania geborenen Hermann Schulz mit seiner Geschichte „Mandela & Nelson – das Länderspiel" (Peter Hammer Verlag 2010) viel über das Leben von Jungen und Mädchen in Afrika erfahren. Drei Lesungen vermittelten authentische Eindrücke aus dem

Der Musiker Joe Kiki aus Lomé am Aktionstag der IKiBu

121

Der in Afrika geborene Verleger und Kinderbuchautor Hermann Schulz

Herzen Afrikas. Dem ghanaischen Kinderbuchautor Patrick Addai konnten die Kinder beim Erzählen, Singen und Tanzen afrikanischer Märchen zuhören/zusehen und auf diese Weise erfahren, dass in Afrika Geschichten vorwiegend mündlich überliefert werden. Dies belegte auch eindrucksvoll der 1963 im Senegal geborene Schauspieler und Kinderbuchautor Ibrahima Ndiaye mit seinen Märchen. Der Pfarrer, Journalist und Kinderbuchautor Jean-Félix Belinga-Belinga, 1956 in Kamerun geboren, schreibt seit 1988 Kinderbücher und vermittelte den Kindern in Duisburg die kulturellen Besonderheiten seiner Heimat. Bemerkenswert war auch die Begegnung mit Nasrin Siege, die 1950 in Teheran geboren wurde, 1959 mit ihren Eltern nach Deutschland kam, in Hamburg und Flensburg aufwuchs, in Kiel studierte, seit 1983 mit ihrem Ehemann, einem deutschen Entwicklungshelfer, in Afrika lebt und sich dort in Straßenkinderprojekten engagiert. Um den Kindern in Deutschland das Leben in Afrika näherzubringen, schreibt Siege seit 1990 Erzählungen und Romane, aus denen sie auf der IKiBu vorlas. Im Duisburger Zoo konnten die Kinder nicht nur im Elefantenhaus die Lesung mit Dagmar Chidolue aus ihrem von Gitte Spee illustrierten Kinderbuch „Millie in Afrika" (Oetinger Verlag 2009) erleben, sondern in der Zooschule auch viel über die reichhaltige und vielseitige Tierwelt Afrikas lernen.

Am Aktionstag in der Zentralbibliothek erwartete die Kinder mit ihren Eltern ein buntes Programm. Die „World Africa Initiative", die der aus der Republik Kongo stammende, seit 1993 in Deutschland lebende Paul Kalenda in Duisburg-Ruhrort gegründet hat, steuerte Märchenlesungen, einen Workshop zum Bau von Rasseln, die Zubereitung eines Büfetts mit traditionellen afrikanischen Speisen, eine sehenswerte Modenschau mit bunten afrikanischen Kleidern sowie einen Frisiertisch zum Flechten von Rastazöpfen bei. Die in Duisburg ansässige Kindernothilfe stellte Beispiele ihrer Projektarbeit in Sambia vor. Mitarbeiterinnen des Duisburger Zoos gestalteten die Schminkwerkstatt und ließen die

Lesung mit Dagmar Chidolue aus ihrem Kinderbuch „Millie in Afrika" im Elefantenhaus des Duisburger Zoos

Patrick Addai aus Ghana erzählte, sang und tanzte afrikanische Märchen

Kinder zu Löwen, Giraffen, Zebras und anderen Tieren Afrikas werden. Susanne Smajic erzählte im Rahmen eines Workshops von ihrem Beruf als Illustratorin, las aus dem von ihr illustrierten Buch „Wer bist denn du?" von Karl Rühmann (Aracari Verlag 2010) vor, regte die Kinder zu eigenen Zeichnungen an. Mit dem Kindertheater Tom Teuer konnte man erfahren, „Wie der Elefant zu seinem Rüssel kam". Der in Lomé (Togo) geborene Musiker, Philosoph und Kosmopolit Joe Kiki sang für die und mit den Kindern und bewies

damit sein Lebensmotto „Ein Fest ohne Musik ist wie ein Leben ohne Liebe, ein Sommer ohne Sonne, ein Frühling ohne Vogelsang, eine Suppe ohne Salz".

„Alles eine Frage der Technik" hieß es 2018 auf der 47. IKiBu. Vom 19. bis zum 24. November lag der Fokus des Programms wieder auf den sogenannten MINT-Fächern: Mathematik, Informatik, Naturwissenschaften und Technik. Dass es sich dabei um alles andere als eine spröde und langweilige Angelegenheit handelt, führte Joachim Hecker bei der Eröffnungsveranstaltung eindrucksvoll vor Augen. In seiner Experimentalshow „Heckers Hexenküche" demonstrierte der 1964 in Mainz geborene Hörfunk-Redakteur aus der Wissenschaftsredaktion des WDR und erfolgreiche Buchautor sein Wissen. So lernten die Kinder, warum das Handy bei einer Sprachnachricht nur die halbe Stimme aufnimmt, warum Elektrizität für den Menschen so gefährlich ist, wie der menschliche Stromkreislauf funktioniert, wie sich Leitungswasser in echten Kunstschnee verwandeln lässt oder wie ein Stethoskop in den Körper hineinhören kann (z.B. die Geräusche, die wir beim Essen im Mund machen). Die Kinder waren begeistert, denn selbst komplizierte Zusammenhänge gestaltete Joachim Hecker sehr anschaulich und bezog die Kinder immer wieder aktiv in die Experimente ein.

Großen Spaß machte auch Jan von Holleben, der das Plakatmotiv zur IKiBu gestaltet hatte. Der 1977 geborene Künstler hat zunächst ein Studium der Sonderpädagogik in Freiburg/Breisgau absolviert, bevor er nach London übersiedelte, um am dortigen Surrey Institute of Art and Design Theorie und Geschichte der Fotografie zu studieren. Bekannt geworden ist er durch seine ebenso intelligent wie originell komponierten Fotografien, mit denen er seit 2007 mehr als 20 Kinder- und Jugendbücher in 16 Sprachen bereichert hat. Eine repräsentative Auswahl seiner Bilderbuchillustrationen und Fotografien war in

der Zentralbibliothek, in der Galerie der Bezirksbibliothek Rheinhausen (dort begleitet von einem Workshop mit dem Künstler) und in der Bezirksbibliothek Hamborn zu sehen. Am Aktionstag bot von Holleben den Foto-Klorollen-Robopapphelden-Workshop an. Dabei wurden Kinder und Erwachsene in eine fantasievoll und witzig arrangierte Bilderwelt integriert: als Megagiganten, Kraxelkrakeler, Knitterdinos, Schönheitsprinzessinnen u.a.m., wobei die Belohnung für die Mitwirkung ein eigener Fotoabzug war. Die Bezirksbibliothek Buchholz zeigte kleine Plakatkunstwerke von Schülerinnen und Schülern der Duisburger Waldorfschule, die sich mit zwei Fragen zum Plakatmotiv beschäftigt hatten: „Wo finde ich das Rad?" und „Aus welchen Teilen besteht es?".

Auch bei den 95 Veranstaltungen, die neben den Bibliotheken, dem EXPLORAO Kindermuseum und dem Landschaftspark Duisburg-Nord erstmals im Technikwunder „Bücherbus" der Stadtbibliothek stattfanden, war aktive Teilnahme gefragt. Gerd Ruebenstrunk bot mit seinem Buch „Explosion in der Motorenhalle" im Maschinenfoyer der Gebläsehalle des Landschaftsparks erneut eine interaktive Lesung zum Mitraten an. Lena Hach, 1982 geboren und seit 2010 als freie Schriftstellerin mit Romanen, Hörspielen und Theaterstücken für Kinder bekannt geworden, stellte ihre Kinderbuchreihe „Der verrückte Erfinderschuppen" (mixtvision Mediengesellschaft, München 2017 ff.) vor. Der Illustrator und Bilderbuchautor Torben Kuhlmann machte die Kinder mit „Edision. Das Rätsel des verschollenen Mauseschatzes" (Nord-Süd Verlag, Zürich 2018) bekannt. Fast schon als Stammgast las Oliver Pautsch aus seinem Rätselkrimi „Die Jäger des Lichts. Geheimakte Edision". Ulli Schubert entführte die Kinder diesmal mit seinem Kamishibai-Theater, einem japanischen Erzähltheater, auf eine Fantasie-Reise zum Flughafen, um zu entdecken, was es dort alles an Technik gibt. Christoph Dittert lüftete mit seinem Buch aus der Reihe „Die drei ???" das „Rätsel der Smart City". Weitere Lesungen gestalteten die Schauspielerin

*Frank Sommer von EVENTILATOR
bei seiner Literaturwerkstatt (2018)*

Höhepunkt des
Aktionstages am
24. November 2018:
Christoph Biemann stellt seine
Lieblingsexperimente aus der
„Sendung mit der Maus" vor

Silke Roca mit ihren Kollegen Peter G. Dirmeier und Sascha von Zambelly. Das Erlebnistheater ACTeFact von Maria Breuer verband im Stück „Der König der Faulpelze" die Geschichte des faulen Königs und seiner unternehmungslustigen Prinzessin von Agilien mit spannenden naturwissenschaftlichen Experimenten.

Am Aktionstag gab es in der Zentralbibliothek ein abwechslungsreiches Programm. Im „Haus der kleinen Forscher" lud Monika Handtke zu Experimenten zum Mitmachen mit Kindern ein. In einem weiteren Haus hieß es „Ausprobieren und konstruieren mit Fischer Technik Bausätzen" unter Anleitung von Julius Roskothen. Mit der Filmothek der Jugend lernten die Kinder im Rahmen eines Workshops die Stop-Trick-Technik kennen und produzierten eigene Clips auf dem Tablet. In Kooperation mit der Telekom-Stiftung konnten Kinder mit Gisel Legionnet „Krasse Erfindungen" rund um den Roboter machen. Ersin Güngör, der Betreiber des Cafés im Stadtfenster, vermittelte den Kindern im Rahmen eines Workshops die Entstehung und Zubereitung des Kakaos. Mit dem EXPLORADO Kindermuseum ließ sich entdecken, wie aus einer einfachen Spülbürste eine „malende Rennbürste" wird. Zum krönenden Abschluss konnten die kleinen und großen Besucher die Lieblingsexperimente von Christoph Biemann, seit 1982 bekannt aus der „Sendung mit der Maus", live erleben.

Vom 18. bis zum 23. November 2019 hieß es „IKiBu … reist durch die Zeit". Das Plakatmotiv von Maren Briswalter zeigte einen träumenden Jungen auf einer Wiese, der am Horizont jeweils mit einem Buch unterlegte Bilder mit Dinosauriern, einem Mammut aus der Eiszeit, Pyramiden aus dem alten Ägypten, dem Trojanischen Pferd aus der griechischen Mythologie, einem Wikingerschiff, Burgen des Mittelalters und dem Kölner Dom, dem ersten Auto sowie ein Buch als Drachen erblickte. Maren Briswalter, 1961 in Elgersburg/Thü-

Die Illustratorin Maren Briswalter vermittelt sinnliche Eindrücke ihrer Zeichenkunst

ringen geboren, hat an der Akademie für bildende Künste in Dresden (1976–1979) und an der Hochschule für Gestaltung in Offenbach am Main (Diplom-Abschluss 1987) studiert. Seither arbeitet sie als freiberufliche Illustratorin für Bilderbücher, Kinderbücher, Schul- und Sachbücher, wobei sie sich auf historische Stoffe spezialisiert hat. Bekannt wurde Briswalter vor allem durch ihre Kinderzeichnungen zu den Kindersendungen „Siebenstein" (ZDF) und „Die Sendung mit der Maus" (WDR). In der Zentralbibliothek, in den Bezirksbibliotheken Rheinhausen und Hamborn waren Originalillustrationen von ihr ausgestellt. In der Bezirksbibliothek Buchholz schickten Schülerinnen und Schüler der Katholischen Grundschule Böhmer Straße ihr Klassentier „Zebra Franz auf Zeitreise". Seine dabei erlebten Abenteuer hatten die Kinder im Kunstunterricht auf Leinwänden festgehalten.

Eröffnet wurde die IKiBu von „Ferri" Georg Feils und Heike Michaelis, die die Erst- und Zweitklässler der Grundschulen Goldstraße und Mozartstraße mit ihrem musikalisch unter- malten Stück „Hirsebrei und Eisenhut" auf eine Zeitreise ins Mittelalter mitnahmen. Wobei die Töne der Leier des Minnesängers Herbort von Frauenstein aus dem 13. Jahrhundert nicht jedes Kinderohr erfreuten, wie der ehrliche Kommentar einer Schülerin offenbarte: „Nicht schon wieder!". Trotzdem gelang es den beiden musizierenden Schauspielern, das junge Publikum immer wieder in die Handlung einzubeziehen und zum Mitmachen zu ani- mieren. Ein gelungener Auftakt!

Auch die 70 Lesungen waren interaktiv angelegt. Ob Maren Briswalter, die das von ihr illustrierte Märchen „Das kalte Herz" von Wilhelm Hauff aus dem Jahr 1827 vorlas und in die damalige Lebenswelt einführte; Claire Singer (eines der Pseudonyme der 1967 gebo- renen Kinderbuchautorin und Illustratorin Christine Paxmann) mit ihrem Sachbuch über „Die alten Griechen. Götter, Helden, Dichter" aus der Reihe „Was ist Was" (2016); Luise Holthausen, die 1959 in Nürnberg geboren wurde, dem Ruhrgebiet nach zwanzig Jahren

in Bochum eng verbunden und seit 2002 als freie Kinderbuchautorin erfolgreich ist, mit „Geheimnisvolle Spuren im Dom" (2006), „Der rätselhafte Römerfund" (2007) und „Raub im Stadtmuseum" (2010) aus ihrer von Maren Briswalter illustrierten Kinderkrimireihe „Die Kölner Geschichtsdetektive" (Marzellen Verlag, Köln); Fabian Lenk mit „Die goldene Göttin von Athen", dem 40. Band seiner Kinderbuchreihe „Die Zeitdetektive" (Ravensburger Buchverlag 2019); die 1968 in Bayreuth geborene Andrea Schaller, die seit 2011 als freie Kinder- und Jugendbuchautorin arbeitet, mit ihrem Buch über die „Wikinger. Nordmänner zur See" aus der „Was ist Was"-Reihe (2016); oder Franjo Terhart (1954–2020) mit „Die magische Karthagermünze. Eine spannende Reise zu Hannibal und den Römern" (Edition Hamouda 2014).

Den Aktionstag eröffnete Patricia Prawit mit ihrer musikalischen Lesung „Ritter Rost macht Urlaub". Die Musikgruppe Yola Muhabbet, unterstützt von dem damaligen Leiter der Interkulturellen Bibliothek Yilmaz Holtz-Ersahin, stellte altorientalische Instrumente vor, spielte Bardenlieder und bekannte Tanzlieder auch zum Mitsingen. „Spielend durch die Zeitgeschichte" konnte man mit der Firma Roskothen und dem Strategie-, Karten- und Brettspiel „Carcassonne" reisen. Die Werkstätten wurden von „Argeste" gestaltet, einer Initiative für lebendige Geschichte, die vor allem Kindern und Jugendlichen vergangene Zeiten nahebringen möchte. Im historisch gestalteten Spieldorf zu durchlaufen waren ein „Zeittunnel", ein mittelalterliches Kloster mit seinem Leben und Arbeiten, eine Filzwerkstatt, eine Seifensiederei und eine Münzengießerei. Dazu wurden Balladen, Lieder und Gedichte vorgetragen, ein Fechtschaukampf, Gaukeleien und Schelmereien aufgeführt. So gelang es tatsächlich, einige lebendige Einblicke in die Welt des Mittelalters zu erhalten.

Die Illustratorin Anke Faust gestaltete das Plakatmotiv für die IKiBu 2020

Das Jahr 2020 stand seit März im Zeichen der CORONA-Pandemie. Trotzdem wurden nach dem ersten Lockdown (Mitte März bis Ende April) rund 90 Veranstaltungen zum Thema „IKiBu … gibt den Ton an!" für die Zeit vom 23. bis zum 27. November geplant. Im Mittelpunkt sollte der Zauber der Musik stehen. Anke Faust hatte dazu wieder ein schönes Plakatmotiv gestaltet: Drei musikalische Wölfe mit einer E-Gitarre, einem Kontrabass und einem Schlagzeug spielen auf – dirigiert von einem kleinen Schaf. Alles war vorbereitet, die Verträge mit Autorinnen und Autoren, Illustratorinnen und Illustratoren, Schauspielerinnen und Schauspielern, Musikerinnen und Musikern waren geschlossen worden. Im September wurde die Presse über das Programm informiert. Doch dann kam die zweite Welle der Pandemie und beendete bis Ende Oktober aufgrund der Schutzverordnungen des Landes NRW die gesamte Veranstaltungsarbeit auch in Duisburg. Zum ersten Mal in der Geschichte seit 1971 musste eine sorgfältig vorbereitete IKiBu vollständig abgesagt werden.

Aber trotzdem geht es mit dieser „unendlichen Geschichte" immer weiter. Und so freuen wir uns alle auf „50 Jahre IKiBu", die 2021 gefeiert werden können. Mit einer Geburtstagsfeier kehrt das Lesefestival am 19. November an seinen Ursprungsort zurück. Im Kleinen Saal der neuen Mercatorhalle wird es ein buntes Programm geben, bei dem u.a. Kirsten Boie über die Bedeutung des Lesens für ihr Leben und das aller Kinder dieser Welt sprechen wird.[44] Die renommierte Kinderbuchautorin, deren Bücher inzwischen weltweit in mehr als 5 Millionen Exemplaren verbreitet sind, hat 2017 mit ihrer Initiative „Jedes Kind muss lesen lernen!" auf die für deutsche Schülerinnen und Schüler verheerenden Ergebnisse der PISA-

---

[44] S. dazu Kirsten Boie: Das Lesen und ich, Verlag Friedrich Oetinger, Hamburg 2019.

ebenso wie der IGLU-Studien reagiert.[45] Die „Hamburger Erklärung" vom Herbst 2017 fordert von den politisch Verantwortlichen deutlich größere, nachhaltige und wirksame Anstrengungen, um die Lesekompetenz als Grundlage jeder Bildungsbiografie für Kinder und Jugendliche zu stärken. Diesem Ziel ist die IKiBu seit ihrer Gründung verpflichtet.

Vom 22. bis zum 27. November erwarten die Kinder mit ihren Begleitpersonen in allen Bibliotheken und an einer Reihe weiterer attraktiver Orte im Stadtgebiet rund 100 Lesungen für Schulen, Theateraufführungen, Konzerte, Kreativwerkstätten und ein Aktionstag zum Abschluss. Zum ersten Mal werden dabei Lesungen nicht nur in physischer Präsenz, sondern auch virtuell stattfinden. Im Aktionsraum der Kinder- und Jugendbibliothek in der Zentrale wird ein Studio eingerichtet, von dem aus Veranstaltungen in die Schulen und Kindertageseinrichtungen übertragen werden. Umgekehrt werden Autorinnen und Autoren auch von ihrem privaten Zuhause aus zugeschaltet sein, um für die Kinder zu lesen und mit ihnen über ihre Geschichten zu sprechen. Damit reagiert die IKiBu nicht nur auf die Pandemie, deren weitere Entwicklung im Hinblick auf die Möglichkeiten zur Durchführung von Veranstaltungen vor Publikum nur schwer kalkulierbar ist, sondern das traditionsreiche Literaturfestival beschreitet auch völlig neue Wege in eine mediale Gegenwart und Zukunft.

Vorläufiges Fazit

Was 1971 als mutiges Experiment in der Duisburger Mercatorhalle begann, entwickelte sich binnen weniger Jahre zu einem Kristallisationspunkt der deutschen Kinder- und Jugend(buch)kultur. Auch auf die Duisburger Kulturszene, deren wichtigste Autorinnen und Autoren, Künstlerinnen und Künstler, Musikerinnen und Musiker, Schauspielerinnen und Schauspieler stets in die Programme einbezogen wurden, wirkte die IKiBu belebend. Die Programme mit wechselnden Schwerpunktthemen lösten immer wieder Begeisterung aus – bei den Kindern ebenso wie bei den Eltern, bei den beteiligten Akteuren ebenso wie bei den Erzieherinnen/Erziehern und Lehrerinnen/Lehrern, bei den ortsansässigen Buchhandlungen ebenso wie bei den deutschen Verlagen, bei der Lokalpresse ebenso wie bei überregionalen Tageszeitungen, Fachzeitschriften, Fernseh- und Rundfunksendern. Möglich wurde all dies durch das große Engagement der Mitarbeiterinnen und Mitarbeiter der Stadtbibliothek, durch die enge Kooperation mit den anderen Kultureinrichtungen und Ämtern in dieser Stadt, mit den Kindergärten und Schulen, mit den deutschen und internationalen Verlagen, mit dem Duisburger Buchhandel und last but not least durch die finanzielle Unterstützung privater Sponsoren – allen voran die Volksbank Rhein-Ruhr –, die im Laufe der Jahre wenigstens einen Teil der Kürzungen im städtischen Etat auffingen. So geht es mit der 1971 begonnenen Geschichte immer weiter und weiter …

Dr. Jan-Pieter Barbian

---

[45] S. dazu Anke Hußmann/Heike Wendt/Wilfried Bos u.a. (Hg.): IGLU 2016. Lesekompetenzen von Grundschulkindern in Deutschland im internationalen Vergleich, Münster/New York 2017, insbesondere S. 13–28. An der Studie nahmen insgesamt 57 Staaten und Regionen mit mehr als 312.000 Schülern, rund 300.000 Eltern und mehr als 15.000 Lehrer an 11.000 Schulen teil. In Deutschland waren rund 4.000 Schüler, 3.000 Eltern, 200 Lehrer und 190 Schulleitungen beteiligt. Zu den Ergebnissen der PISA-Befragung für Deutschland aus dem Jahr 2018 s. https://www.oecd.org/berlin/themen/pisa-studie/PISA2018_CN_DEU_German.pdf. (05.08.2021)

Imma Wick mit Janosch auf der IKiBu 1971

Ein wunderbarer Ort
für die Begegnung mit Menschen
Erinnerungen an die Internationale Kinder- und Jugendbuchausstellung

Wie alles anfing

1971 fand in Duisburg die 1. IKiBu statt. Die Idee dazu hatte Kurt Selbiger, Inhaber der renommierten Buchhandlung „Atlantis" mit Galerie an prominenter Stelle in der Innenstadt. Als Veranstalter beteiligten sich die Stadtbibliothek, die Mercatorhalle, das Presse- und Werbeamt sowie das Jugendamt. Für das Programm war ich als Leiterin der Kinder und Jugendbibliothek bis 1993 verantwortlich. Da ich durch meine Arbeit bereits persönliche Kontakte zu vielen bekannten Autoren, Illustratoren und Verlegern hatte, konnte ich unter anderem bereits 1971 den Illustrator Janosch, den Verleger Hans-Joachim Gelberg sowie die Schriftsteller Herbert Heckmann und Otfried Preußler für die Duisburger Kinder und ihre Eltern einladen.

1972 schrieb der Verleger und Autor Hans-Joachim Gelberg mit Schülerinnen und Schülern der Klasse 4b der Grundschule Obermauerstraße eine Geschichte. An drei Nachmittagen entstand „Frank sucht Anschluss": die Geschichte eines dicken Jungen, der gemobbt wird. Jahre später fand ein Klassentreffen mit Hans-Joachim Gelberg statt. Im Rückblick sagte er 1985: „Seit ihren Anfängen ist die IKiBu gewachsen und immer größer geworden. Ich weiß noch, wie alles anfing, wie der Name IKiBu vorsichtig ausprobiert wurde. Und siehe, er war richtig, er hat gehalten, ist zu einem Begriff geworden. Wenn heute viele Kinder für mein Kindermagazin ‚Der bunte Hund' Geschichten schreiben, so bekam ich die allererste Anregung dazu damals auf der IKiBu. Auf der IKiBu kann man etwas lernen und erfahren, das es sonst wo nicht gibt!"

In der Folge war Hans-Joachim Gelberg mit den jungen Autorinnen und Autoren seines Verlags fast in jedem Jahr zu Gast auf der IKiBu. Sie war für ihn und seine Autorinnen und Autoren immer wie eine „Spielwiese". Neue realistische Gegenwartsthemen wurden ausprobiert und man traf sich mit anderen Verlegern. So gab es 1975 eine Podiumsdiskussion für Jugendliche und Erwachsene: „Phantasie im Kinderbuch – eine Frage verlegerischer Phantasie?". Peter Härtling diskutierte mit den Programmmachern Elisabeth Borchers (Insel-Bilderbuch), Hans-Joachim Gelberg (Beltz & Gelberg), Uwe Wandrey (roro-Rotfuchs) und dem Kritiker Horst Künnemann.

Peter Härtling, der oft Gast der IKiBu war, sagte: „Wenn ich schreibe, schreibe ich auch für Duisburg, genau genommen für Duisburgs Kinder, die ich im Laufe der ‚IKiBu-Jahre' in allen Lebensaltern und Spielarten kennenlernte, ungeschult und eingeschult, frisch und frech, laut und leise. Ich habe ihr Lachen erlebt, ihre Nachdenklichkeit, ihren Trotz und ihre Traurigkeit. Ich bin mit ihnen unterwegs gewesen zu ‚Oma', zum ‚alten John' und wir haben uns für den ‚Hirbel' ein besseres Leben ausgedacht. Wenn ich an Duisburg denke,

denke ich an seine Kinder und diese arbeitsame Stadt, die von Stahl und Eisen lebt und an ihnen leidet, wird in meinem Gedächtnis zu einem ‚Spielplatz' wie ich ihn uns und allen Städten wünsche."

„Ein Stück Aufbruch …" – die Lesungen

Viele Lesungen mit bekannten und noch zu entdeckenden Autorinnen und Autoren fanden zur IKiBu statt. Die Autoren und Verleger riefen mich immer wieder an, um sich in das Programm einzubringen. Besonders stolz bin ich heute noch auf die Lesung mit Michael Ende aus seinem Roman „Die unendliche Geschichte" (1979). Schülerinnen und Schüler des Steinbart-Gymnasiums – unter Anleitung ihres sehr engagierten Deutsch-Lehrers – erhielten Leseexemplare und konnten im November 1978 die ersten Fragen an Michael Ende stellen, noch bevor das Buch in den Buchhandel gelangte. Sogar das Bayerische Schulfernsehen kam. Michael Ende war von den Reaktionen der Schülerinnen und Schüler begeistert. Zu einer Zeit, in der – bedingt durch die „68er Bewegung" – eine sehr realistische Kinderliteratur Einzug gehalten hatte (viele davon im Verlag Beltz & Gelberg erschienen), konnte da ein Buch, das im Land der Fantasien spielt, die jungen Leser ansprechen? Michael Ende lässt das Unwahrscheinliche in die Alltagswirklichkeit des kleinen Bücherdiebes Bastian einbrechen. Die Botschaft: Rettet die Fantasie, nur so kann die Realität gesunden. Der Verleger Jörg Weitbrecht vom Thienemann Verlag bat mich, ihn und Michael Ende abends zu uns einzuladen – ohne andere Gäste!

Ein besonderes Erlebnis für mich war 1977 die Lesung mit Judith Kerr, Tochter von Alfred Kerr, des bekanntesten Theaterkritikers der Weimarer Republik, im kleinen Saal der Mercatorhalle. Der deutsche Verleger Christian Stottele vom Ravensburger Verlag wollte seine Autorin unbedingt im Rahmen der IKiBu vorstellen. Die deutsche Ausgabe ihres Romans

„Als Hitler das rosa Kaninchen stahl" war 1974 mit dem Deutschen Jugendbuchpreis ausgezeichnet worden und längst zur Klassenlektüre geworden. Viele Duisburger Gymnasien
bekundeten daher ihr Interesse, an der Lesung mit der inzwischen sehr erfolgreichen Autorin teilzunehmen. So wurde der „kleine Saal" zu einem großen Problem. Ich brauchte viel
Überzeugungskraft, um Judith Kerr zu überreden, aus ihrem Roman mit Mikrofon in der
Mercatorhalle zu lesen. Aber schließlich erinnerte und erzählte sie, was sie als jüdisches
Mädchen aus Deutschland, das seit 1935 in England eine neue Heimat gefunden hatte,
nach der Machtübernahme Hitlers am 30. Januar 1933 und der Emigration ihrer Familie
von Berlin über Zürich und Paris nach London alles erlebte. Es war eine Geschichtsstunde
der besonderen Art.

Als wichtiger ausländischer, aber deutschsprachiger Autor und Übersetzer wurde Juri Korinetz aus Moskau mehrmals zur IKiBu eingeladen und in Duisburg zu einer vertrauten Per-
son. Seit 1981 konnten die Kinder in der Sowjetunion „Momo" und „Die unendliche
Geschichte" in seiner Übersetzung lesen. Auch Gedichte von James Krüss, Peter Hacks
und Otfried Preußlers „Kleine Hexe" wurden von Korinetz ins Russische übertragen. Ich
schwärmte sehr von seinen Büchern, die er selbst illustrierte: unter anderem von seinem
Jugendroman „Dort, weit hinter dem Fluss" aus dem Jahr 1981. Korinetz, der in der Sowjetunion gern „im hohen Norden" Lachse angelte, kochte leidenschaftlich gerne. Zu
gemeinsamen Abendessen in unserem Haus in Mülheim/Ruhr kamen dann immer auch
Franz Rakowski, der Direktor der Stadtbibliothek, und Konrad Schilling als Kulturdezernent
und Russlandkenner.

1973 erhielt die international bekannte österreichische Schriftstellerin Christine Nöstlinger
für ihren fantastischen Kinderroman „Wir pfeifen auf den Gurkenkönig" den Deutschen
Jugendliteraturpreis. Die Preisverleihung fand während der IKiBu in der Mercatorhalle statt.

Aber bereits 1972 las sie aus ihren Büchern und begeisterte mit ihrem besonderen Humor und der Wiener Sprache unsere jungen Besucher. Sie sagte: „… um zu wissen, mit wem ihr euch zusammentun sollt, um zu wissen, wo ihr mit dem Verändern anfangen sollt, können Bücher eine Hilfe sein, die ihr sonst von niemandem bekommt …" Neben Christine Nöstlinger waren 1973 alle Preisträger zu Gast. Die offizielle Verleihung des Deutschen Jugendliteraturpreises in Duisburg zeigte einmal mehr, dass wir zu Recht „Internationale Kinder- und Jugendbuch-Ausstellung" als Programmüberschrift gewählt hatten. So stellten unter anderem Eva Janikovsky und Laszlo Reber aus Ungarn ihr preisgekröntes Bilderbuch „Große dürfen alles" vor.

Ein besonderes Erlebnis war für mich und natürlich die Duisburger Kinder die Begegnung mit dem berühmten Schweizer Bilderbuchkünstler Jörg Müller. Er wollte durch seine „Umweltbilderbücher" mit den Texten von Jörg Steiner die Kinder zum kritischen Denken anregen. Für „Alle Jahre wieder saust der Presslufthammer nieder oder Die Veränderung der Landschaft" (1973) erhielt Müller 1974 den Deutschen Jugendliteraturpreis. 1977 stellte er in Duisburg „Hier fällt ein Haus, dort steht ein Kran und ewig droht der Baggerzahn oder Die Veränderung der Stadt" (1976) und „Die Kanincheninsel" (1977) vor. Als Jörg Müller erfuhr, dass mein Mann als Dr. Ing. bei Thyssen arbeitet, bat er ihn um eine Führung durch das Stahlwerk in Bruckhausen. Nach Erfüllung des Wunsches bekam mein Mann in seinem Buch die Widmung: „… für Klaus Wick mit vielem, vielem Dank, dass er seine Zeit für das Interessanteste geopfert hat, was ich je gesehen habe …" Das „gezeichnete Kaninchen" trug einen Thyssen-Helm und der Pförtner sagte „… Dr., der will doch nicht etwa bei uns anfangen …". Müller trug damals lange Haare – was nicht bei allen gut ankam.

Schreib- und Theaterwerkstätten

1978 wurde ich als Referentin zum IBBY-Kongress, einem internationalen Forum für Jugendliteratur, nach Klagenfurt eingeladen. Das Motto: „In Duisburg schreiben die Kinder ihre Geschichten selbst!" So konnte ich über Hans-Joachim Gelbergs „Frank sucht Anschluss" und über Jo Pestums „Duisburger Krimis" berichten. Pestum, bekannter Autor spannender Krimis aus Billerbeck, richtete 1977 eine Schreibwerkstatt für Schülerinnen und Schüler aus. Sie verfassten unter dem Titel „Duisburger Krimis" elf kurze Geschichten und durften ein Exemplar des gedruckten Buches mit nach Hause nehmen. Christian Kirsch (Frederick Hetmann) schrieb mit sehr engagierten Schülerinnen und Schülern des Max-Planck-Gymnasiums in Meiderich das Theaterstück „Sacco und Vanzetti". Kurz vor der IKiBu und der Aufführung unter der Leitung von Konrad Schilling gab es heftige Diskussionen, da die Rote Armee Fraktion im Oktober 1977 Hanns Martin Schleyer ermordet hatte. Schließlich gab es ein öffentliches Werkstattgespräch mit Schülerinnen/Schülern, Lehrerinnen/Lehrern, Eltern und Autoren unter dem Titel „‚Sacco und Vanzetti' – ein zeitgemäßer Stoff für ein Schülertheater?" Diese Beispiele fanden in Klagenfurt ein großes internationales Interesse.

Außergewöhnliche Begegnungen

Ein ganz besonderes Ereignis wurde die IKiBU des Jahres 1989, zu der wir Autor/innen und Illustrator/innen aus der DDR einladen wollten. Die IKiBu sollte am 27. November beginnen und das Programm war mehr als ein Dreivierteljahr vorher geplant worden. Am 9. November fiel die Mauer. Die Aufregung war groß und das Interesse an den Gästen aus der DDR riesig. Es kam unter anderem Jurij Brĕzan, der sorbische Autor aus Bautzen. Er hatte schon in früheren Jahren im Rahmen der IKiBu aus seinen Büchern gelesen. Die Krabat-Sage seines sorbischen Volkes war 1968 unter dem Titel „Die schwarze Mühle" im DDR-Verlag Neues Leben erschienen. Bei den westdeutschen Kindern und Jugendlichen wurde die Sage durch Otfried Preußlers Jugendroman „Krabat" bekannt und sehr beliebt. Weitere Gäste aus der DDR waren: Karl Rudolf Chowanetz (1933–2000), Chefredakteur mehrerer Kinderzeitschriften in der DDR und seit 1975 Leiter des Kinderbuchverlags Neues Leben; Reimar Gilsenbach (1925–2001), Schriftsteller, Umwelt- und Menschenrechtsaktivist, der nach der Ausbürgerung von Wolf Biermann im November 1976 dessen umfangreiche Tagebücher in einem Schuppen seines Gartens versteckte und damit für die Nachwelt rettete; Gerhard Holtz-Baumert (1927–1996), Kinder- und Jugendbuchautor, Publizist und SED-Funktionär; Katrin Pieper, von 1975 bis 1992 Cheflektorin des 1949 gegründeten „Kinderbuchverlag Berlin", der bis 1989 rund 5.000 Titel der Kinder- und Jugendliteratur veröffentlichte; Benno Pludra, der als Peter Härtling der Kinder- und Jugendliteratur in der DDR galt.

Die bekannten Illustratoren Helme Heine, F.K. Waechter und Paul Maar waren viele Jahre in Duisburg zu Gast. Sie arbeiteten mit Kindern und Jugendlichen auch in sozial schwächeren Stadtteilen an interessanten Projekten. Unvergessliche Erlebnisse sind auch die Lesungen mit Autoren wie Hans-Christian Kirsch, Hans-Georg Noack, Wolfgang Gabel

und Wolfgang Degener in der Justizvollzugsanstalt Duisburg-Hamborn. Die damalige Direktorin hatte mich um einen Besuch gebeten, da zahlreiche junge Häftlinge Briefe an die Jugendbibliothek zu Händen Frau Wick schrieben, die ich an ihre Freundinnen weiter-geben sollte. Es war eine sehr unruhige Zeit Ende der 1970er Jahre, was sich im Besuch der Jugendbibliothek widerspiegelte. Viele schwierige Jugendliche, Drogenkids und jugendliche Kriminelle trafen aufeinander. Ein Sozialarbeiter arbeitete damals in der Jugendbibliothek mit. Bei der ersten Lesung in der JVA – unvergessen die langen Gänge, das Klicken der Schlösser hinter uns, sehr beklemmende Gefühle – stand noch ein Voll-zugsbeamter mit eine Maschinenpistole an der Eingangstür. Im Laufe der Zeit wurde das Interesse der Häftlinge an Literatur so groß, dass wir als Stadtbibliothek eine Bücherei in der JVA einrichteten. Um über dieses Projekt zu berichten, wurde ich 1979 vom Deutschen Schriftstellerverband zu einer Tagung und einem Vortrag über das „Duisburger Modell" nach Berlin-Spandau in die „Zitadelle" eingeladen. Nach mir las ein junger Doppelmörder in Begleitung eines Vollzugsbeamten seine Kurzgeschichten.

RTL Luxemburg begleitete von 1977 bis 1980 mit Georg Bossert (1939–1995) und der jun-gen Moderatorin Désirée Nosbusch unsere IKiBus. Der Rundfunk und auch das Fernsehen trugen entscheidend zur überregionalen Wahrnehmung und zum Besuch von Tausenden Kindern, Jugendlichen und Erwachsenen bei. Unvergesslich der Klang des IKiBu-Liedes von „Mister Knister", dem aus Bottrop stammenden Kinderbuchautor Ludger Jochmann. Wenn ich von der Stadtbibliothek an der Düsseldorfer Straße zur Mercatorhalle über die König-straße ging und mir Kindergruppen entgegenkamen, hörte ich immer wieder:

Ich und Du

Müllers Kuh

– alles

rennt zur IKiBu.

Alle Leute wollen

hin zur – IKiBu

ein jedes Kind das hat

im Sinn nur – IKiBu

Onkel Paul und Tante Trude – IKiBu

Cousine Lis aus Buxtehude – IKiBu.

Ja schon der Vater

ruft zum Frühstück – IKiBu

auf seinem Stuhle er hin und

her rückt – IKiBu

zur Arbeit will er heut

nicht gehen – IKiBu

denn er will nur eines sehen – IKiBu.

Auch unsre Oma von dem

Lande – IKiBu

ist ganz außer Rand und Bande – IKiBu.

Seit Wochen sagt sie zu dem

Opa – IKiBu

Ist auch für uns da – IKiBu.

Imma Wick

145

Leseförderung als Herzenssache

Ein gemeinsames Projekt der Lions Clubs und der Rotary Clubs in Duisburg zum Jubiläum der IKiBu

Bei einem Cappuccino im Café Dobbelstein auf dem Sonnenwall im Herbst 2019 kam zusammen, was sich als optimal passend erweisen sollte. Jens Holthoff, Leiter der Kinder- und Jugendbibliothek in der Duisburger Zentralbibliothek, und ich, inzwischen pensionierter Deutsch- und Englischlehrer am Steinbart-Gymnasium, kennen uns seit dem Jahr 2000. Seither haben wir uns gegenseitig immer wieder in dem Bemühen unterstützt, junge Menschen zum Lesen zu motivieren und sie für die Literatur zu interessieren. Als Jens Holthoff mir erzählte, dass 2021 die IKIBU 50 Jahre alt wird und er bereits in erste Planungsüberlegungen eingetreten sei, erkannte ich die Möglichkeit, ein langgehegtes Vorhaben zu realisieren, für das mir bislang das passende Projekt gefehlt hatte.

In Duisburg gibt es vier Rotary Clubs (Alte Abtei, Duisburg, Rhein-Ruhr, Walsum-Niederrhein), sechs Lions Clubs (Duisburg, Concordia, Hamborn, Landschaftspark, Mercator, Rhenania) und zwei Leoclubs als Jugendorganisation der Lions (Niederrhein, Duisburg). Auch wenn Konkurrenz das Geschäft belebt, wie es heißt, so war es immer mein Wunsch, das Potenzial, über das diese großen Vereinigungen verfügen, gemeinsam für Duisburg und seine Menschen einzusetzen. Denn gemeinsam können die Serviceclubs noch wirkungsvoller sein als sie es einzeln ohnehin schon sind. Sowohl die Rotarier als auch die Lions haben in ihren Zielen die Förderung der Jugend, der Bildung und der Integration fest verankert. Diese Ziele werden von der Stadtbibliothek seit Jahrzehnten bestens mit der IKiBu umgesetzt. Und so war es nicht verwunderlich, dass relativ schnell von allen Duisburger

Clubs Zustimmung signalisiert und eine Projektgruppe „50 Jahre IKiBu" gebildet wurde. Doch dann veränderte die seit März 2020 in mehreren Wellen grassierende CORONA-Pandemie unser aller Leben. Im September war zwar noch unter peniblen Hygienebedingungen ein erstes persönliches Treffen der Gruppenmitglieder mit den Verantwortlichen in der Stadtbibliothek möglich. Dabei wurde die Zustimmung zum Projekt erneut bestätigt. Doch danach mussten alle weiteren Absprachen auf schriftlichem oder digitalem Wege erfolgen. An der Erreichung des definierten Ziels änderte dies allerdings überhaupt nichts.

Man muss nicht die Wissenschaft bemühen, um zu wissen, wie wichtig es für die Entwicklung der Sprache und der Fantasie eines Kindes ist, so früh wie möglich mit dem Vorlesen und der Förderung des eigenständigen Lesens zu beginnen. Je größer die Sprachkompetenz von Kindern und Jugendlichen ist, umso größer sind ihre Chancen im weiteren Bildungsweg. Die Bevölkerung in Duisburg ist eine lebendige Mischung aus 163 Nationen, was eindrucksvoll bestätigt, dass eine erfolgreiche Integration nur über die Sprache erfolgen kann. So war die erste Unternehmung der Projektgruppe eine Aktion zur Leseförderung in der Grundschule. Mit der Unterstützung der Schulbehörde bewarben sich spontan elf Grundschulen mit 22 Klassen der 3. Jahrgangsstufe mit insgesamt 515 Kindern. Das Lektorat der Kinderbuchabteilung der Stadtbibliothek wählte fünf altersgerechte Bücher aus, die nicht im Unterrichtskanon der Schule stehen. Die zwölf Clubs finanzierten mit Spenden von jeweils 600 € den Ankauf der Bücher – mit Unterstützung der Stadtbibliothek und der Duisburger Bibliotheksstiftung.

Nachdem die Bücher den elf teilnehmenden Schulen im Februar 2021 überreicht worden waren, hatten die Schülerinnen und Schüler Zeit bis zum Beginn der Sommerferien am 5. Juli die fünf Bücher zu lesen und sich ein Urteil zu bilden. Danach entschied jede Klasse, welches Buch die meiste Zustimmung gefunden hatte, und verfasste eine Seite mit der Begründung für ihre Entscheidung. Die „Rezensionen" der Schülerinnen und Schüler aller elf Schulen wurden an die Bibliothek gesandt und dort in Ausstellungsplakate für die Jubiläums-Kinderbuchausstellung umgewandelt.

Doch damit nicht genug. Nachdem die Idee verworfen worden war, sich an den Kosten des „Festaktes" zu beteiligen, der am 19. November im Kleinen Saal der (neuen) Mercatorhalle, also am Ursprungsort der IKiBu, stattfindet, erhielt eine andere Idee zur finanziellen Unterstützung des Jubiläumsprogramms großen Zuspruch. Die Projektgruppe einigte sich darauf, durch eine Kostenübernahme zwei Programmhöhepunkte zu ermöglichen. So kann der bekannte Düsseldorfer Kinderbuchautor und Illustrator Martin Baltscheit während der IKiBu einen Kreativworkshop für Kinder anbieten. Darüber hinaus ist die Uraufführung des legendären Jugendromans „Krabat" von Otfried Preußler als Live-Hörspiel zu erleben. Ohne die engagierten Rotary-, Lions- und Leo-Clubs wäre beides während der IKiBu in Duisburg nicht möglich gewesen. Und das belegt für mich den besonderen Wert dieses Projekts: Gemeinsam ist man immer stärker als allein.

Im Namen aller Rotary-, Lions- und Leo-Clubs in Duisburg gratuliere ich der IKiBu zum 50. Geburtstag und wünsche ihr noch ein langes Leben!

Michael Euteneuer

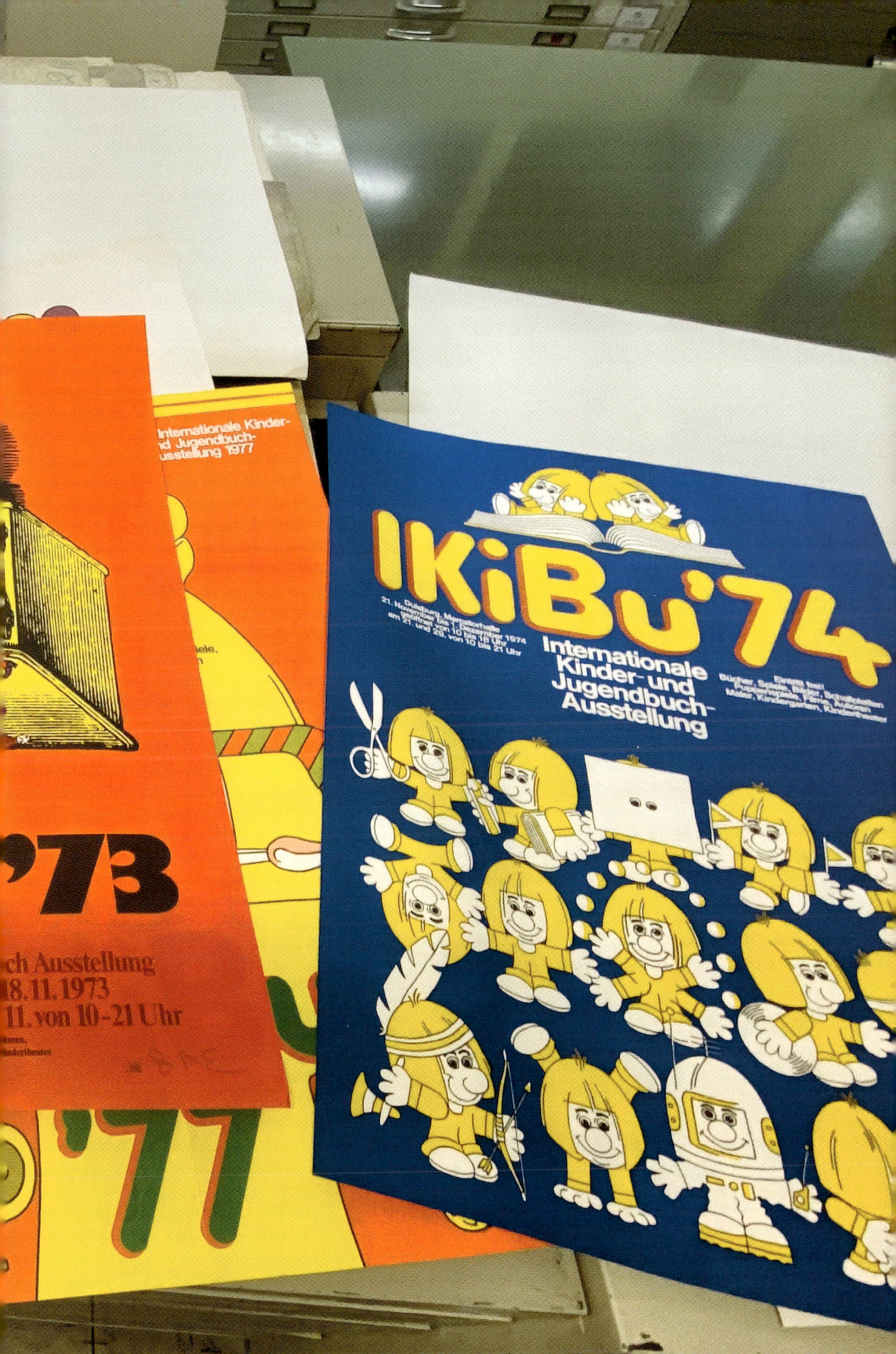

*Lesung von
Christine
Nöstlinger
auf der
IKiBu 1973*

*F.K. Waechter
spielt mit den
Kindern selbst
erfundene
Geschichten auf
der IKiBu 1973*

Sigrid Kruse mit einem Bilderbuchkino für Kinder in der Mercatorhalle (IKiBu 1977)

Oberbürgermeister Josef Krings mit den Kindern beim Maskenwettbewerb „Lasst die Puppen tanzen" auf der IKiBu 1977

Jan von Holleben
kreiert seine
originellen Fotos
am Aktionstag
der IKiBu 2018

„Deutsch-türkische Abenteuer für Kinder" mit Mustafa Cebe und Stefan Biergans-Bross in der Bezirksbibliothek Buchholz (IKiBu 2018)

Joachim Hecker mit seiner spannenden „Hexenküche" zur Eröffnung der IKiBu am 19. November 2018

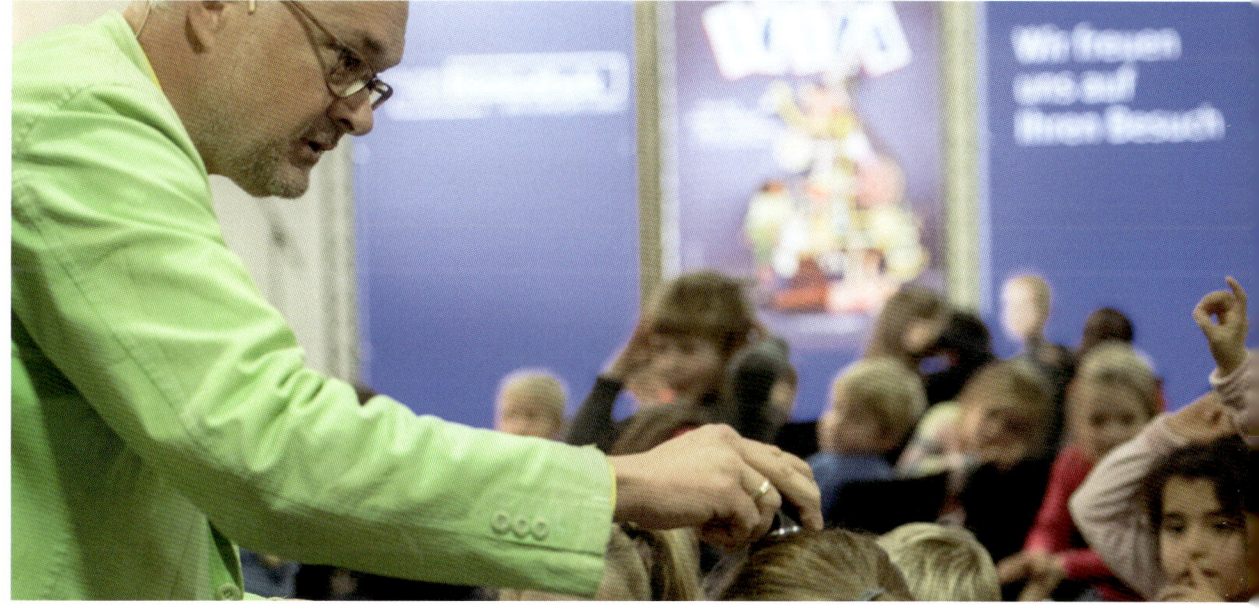